KB234423

직장인 콜링
100일 묵상집

직장인 콜링 100일 묵상집

저자 원용일

초판 1쇄 발행 2019. 1. 21.

발행처 도서출판 브니엘
발행인 권혁선

등록번호 서울 제2006-50호
등록일자 2006. 9. 11.

서울특별시 송파구 백제고분로28길 25 B101호 (05590)
마케팅부 02)421-3436
편집부 02)421-3487
팩시밀리 02)421-3438

ISBN 979-11-86092-85-9 03230

독자의견 02)421-3487
이메일 editorkhs@empal.com

북카페 주소 cafe.naver.com/penielpub.cafe
페이스북 www.facebook.com/penielbooks
인스타그램 @peniel_books

도서출판 브니엘은 독자들의 책에 관한 아이디어나 원고를 설레는 마음으로 기다리고 있습니다. 책으로 엮기를 원하는 아이디어가 있으신 분은 위의 이메일로 간단한 개요와 취지, 연락처 등을 보내주십시오. 머뭇거리지 말고 문을 두드리세요. 길이 열립니다.

도서출판 브니엘은 갓구운 빵처럼 항상 신선한 책만을 고집합니다.

직장인 콜링
100일 묵상집

원용일 | 직장사역연구소 소장

브니엘

지난 1990년 가을에 한 직장신우회에서 성경공부 인도와 설교를 해달라는 제안을 받았을 때 참 막막했던 기억이 난다. 신학교를 졸업하고 군대에 갔다 와서 신학대학원 1학년에 다니고 있던 병아리 전도사였는데, 직장인들과 어떤 말씀을 나눌 수 있단 말인가! 그때부터 '나는 스물여섯 살 직장인이다!'라고 생각하며 성경을 묵상했다. 기도하며 말씀을 보니 직업인들에게 하시는 하나님의 말씀을 깨달을 수 있었다. 물론 성경이 일터의 관점만을 제공하는 것은 아니다. 하지만 직장인들이 겪는 문제나 고민거리에 대해서 성경이 말씀해주시는 것을 확인할 수 있었다.

지금까지 직장인들과 함께 지내면서 힘든 직장생활 가운데서도 말씀 묵상을 꼭 하라고 권유했다. 월간지에 포함시킨 한 달 치 일터 묵상도 오랫동안 실어왔고, 1년 단위의 일터묵상집도 여러 권 출간했다. 한 라디오 방송에서 오디오 형태로 만드는 매일 큐티도 2년 치 분량으로 진행했고, 지금도 팟캐스트로 된 묵상들이 온라인에서 돌아다니고 있다. 이메일로도 아침마다 큐티를 보내주는 일을 계속하고 있다.

바쁜 직장생활 가운데서도 어떤 형태로든 크리스천 직업인이라는 정체를 말씀을 통해 이해하고 고민이나 어려움을 풀어내려고 노력하는 자세가 중요하다. 한두 구절 성구의 짧은 묵상을 통해 어떤 대단한 효과가 있겠느냐 반문할 수도 있으나 말씀으로 자신의 소명을 이해하는 노력은 크리스천 직장인들에게 꼭 필요하다.

이 작은 묵상집에 실린 100편의 묵상은 그간 작성한, 아마도 1,500편은 넘을 일터 주제 묵상들 중에서 골라냈다. 소명, 비전, 동행, 균형, 관계, 믿음, 경건, 정체성, 영향력, 사명 등 열 가지 주제로 각 10편 내외의 묵상을 실었다. 하루에 하나씩 본다면 3개월 여밖에 되지 않을 분량이지만 일터 주제의 묵상을 훈련하기에는 적절한 분량이다. 아무쪼록 세상 속에서 크리스천 직업인으로 살아가는 자신의 삶의 정황을 말씀 속에서 발견하고 인도함을 받겠다는 자세로 읽어나간다면 성경을 성경적인 직업관으로 보는 연습을 충분히 할 수 있을 것이다. 그래서 자신만의 말씀 묵상, 일터 큐티를 해나갈 수 있다면 말씀으로 무장한 직장인의 삶을 살아내는 데 어려움이 없을 것이다. 크리스천 직업인이 걸어가야 할 길이 무엇인지 말씀 속에서 찾아내는 일이야말로 오늘 우리에게 꼭 필요한 행함이다.

글쓴이 원용일

일의 소명을 세상 속에서 구현하라

일을 통해
이루는 **소명**

태초에 하나님이 천지를 창조하시니라. 하나님이 그들에게 복을 주시며 하나님이 그들에게 이르시되 생육하고 번성하여 땅에 충만하라, 땅을 정복하라, 바다의 물고기와 하늘의 새와 땅에 움직이는 모든 생물을 다스리라 하시니라. 창세기 1:1,28

창세기는 그 시작에 있어서 어떤 설명도 하지 않고 곧바로 하나님이 이 온 우주를 창조하셨다고 선언한다(1절). 이것이 존재의 근원 되시는 하나님의 특성을 표현하는 가장 성경적인 방법이다. 어떤 종교의 경전에서 이런 위대한 신(神)을 볼 수 있을까? 하나님은 세상의 창조주이시다.

창조의 여섯째 날에 하나님의 형상을 따라 인간을 창조하신 하나님은 인생의 목적과 사명이 무엇인가 분명히 밝혀주셨다. 그것은 다름 아니라 일하는 소명이다. 하나님은 인간에게 복을 주셨다. 생육하고 번성해서 땅에 충만하고 땅을 정복하며 모든 생물을 다스리라고 명령하셨다(28절). 우주의 창조주이자 주관자이신 하나님이 창조하신 세상의 피조물을 통치하는 중요한 일을 사람에게 맡기셨다. 우리 인생의 목적은 바로 이렇게 일하는 소명이다. 오늘도 우리가 일터에서 하는 일에는 바로 이런 하나님의 창조 명령이 부여되어 있다. 그러면 우리가 하나님의 지상 대리인으로서 피조물들에게 리더십을 행사할 수 있는 근거가 있을까? 그 근거는 우리가 '하나님의 형상'으로 창조된 것이다(26-27절).

하나님이 창조하신 모든 것이 다 훌륭했지만 하나님의 형상으로 특별하게 창조된 인간 존재에 대해 보여주는 근거가 있다(31절). 인간의 창조가 있었던 여섯 번째 날에 성경은 특별한 의미를 부여한다. 히브리어 성경에서 날을 표시하는 '욤'이라는 단어가 첫째 날부터 다섯째 날까지와 달리 여섯 번째 날에는 정관사를 붙여놓고 있다('하 욤'). 인간의 창조는 이렇게 중요한 의미를 지니고 있는 것이다. 하나님이 창조하시고 크게 기뻐하신 세상을 다스릴 책임이 인간에게 있다는 사실을 강조해준다. 우리가 오늘도 실천하는 일의 소명을 통해 이런 놀라운 일이 이루어진다.

>>> 일하는 사람의 기도

하나님께서 제게 맡기신 일의 소명을 잘 파악하여 인생의 목적을 향해 매진할 수 있도록 인도해주소서. 인생의 비전을 분명히 깨달아 의미 있게 일할 수 있도록 도와주소서.

세상의 복이 되는
부르심을 따라!

여호와께서 아브람에게 이르시되 너는 너의 고향과 친척과 아버지의 집을 떠나 내가 네게 보여줄 땅으로 가라. 내가 너로 큰 민족을 이루고 네게 복을 주어 네 이름을 창대하게 하리니 너는 복이 될지라. …땅의 모든 족속이 너로 말미암아 복을 얻을 것이라 하신지라. 창세기 12:1-3

전에 TV의 한 연예 프로그램에서 아역으로 잘 알려진 한 아이가 꿈이 뭔지 질문을 받자 이렇게 대답했다. "CF 찍어서 집, 땅, 차!" 사람들이 모두 웃었다. 연예인인 아버지의 꿈과 같다는 그 아이의 꿈은 어쩌면 우리 시대를 사는 사람들의 보편적인 욕망이 아닐까 생각한다.

성경에도 땅과 관련된 평생의 꿈을 가진 사람이 있었다. 믿음의 조상인 아브라함이다. 물론 내용은 천양지차였다. 사도행전 7장에 보면 영광스러운 모습으로 나타나신 하나님이(행 7:2) 아브라함에게 말씀하셨다. 하나님이 보여주시는 '땅'으로 가라고.

아브라함은 당시 갈대아 우르에 살고 있었다. 찬란한 고대 문명이 꽃피던 도시를 떠나 알지 못하는 땅으로 가라고 하신 것이다. 첫 번째 약속인 땅 외에 두 번째 약속은 아브라함의 '후손'을 통해 큰 민족을 이룰 수 있게 해주겠다는 것이었다. 세 번째는 아브라함이 복의 근원이 되어서 세상 모든 민족이 그로 인해 '복'을 받는 것이었다. 이스라엘 나라를 시작하는 믿음의 가문의 시초가 되는 축복을 아브라함에게 주셨다.

물론 당시에는 땅이나 후손이 아브라함에게 주어지지 않았고, 앞으로도 그것을 얻을 가능성이 그리 크지 않아보였다. 세상에 복이 되게 하겠다는 약속을 받았는데, 당시에 아브라함은 자신이 받을 복도 없어 보였다. 그런데 어떻게 남에게 나누어줄 복이 있겠는가? 하지만 아브라함은 하나님의 약속을 믿고 떠났다. 이런 믿음을 가지고 우리도 세상에 복을 전하는 삶을 살아야 하겠다. 아브라함이 받은 약속은 오늘 우리 크리스천 직업인들의 소명과 다르지 않다. 우리는 하나님의 복을 받아 세상에 복이 되는 축복의 통로가 되어야 한다.

>>> 일하는 사람의 기도
아브라함에게 주셨던 귀한 언약이 제게도 주어졌습니다. 특히 저의 일터에서 하나님의 나라를 세워나가며 세상 사람들에게 복이 되는 귀한 소명의 삶을 살아갈 수 있게 도와주소서.

003

열정의 모세,
새로운 소명을 받다!

여호와의 사자가 떨기나무 가운데로부터 나오는 불꽃 안에서 그에게 나타나시니라. 그가 보니 떨기나무에 불이 붙었으나 그 떨기나무가 사라지지 아니하는지라. 이에 모세가 이르되 내가 돌이켜 가서 이 큰 광경을 보리라. …하나님이 떨기나무 가운데서 그를 불러 이르시되 모세야 모세야 하시매 그가 이르되 내가 여기 있나이다. 출애굽기 3:2-4

이집트의 차기 왕 후보였다가 나이 마흔에 살인죄를 저지르고 망명을 떠나 40년을 목자로 살았던 모세는 그야말로 '목옹'(牧翁)이 되었다. 하지만 40년간이나 따분하게 양을 치는 일을 한 모세였지만 남다른 열정을 가지고 있었다. 건조한 광야지역에서는 자연 발화로 나무들이 불타는 경우가 있다. 그날 모세는 떨기나무 덤불 가운데서 불이 난 것을 봤다. 그런데 타던 불이 평소보다 오래 탄다는 이유로 그곳을 주목했다. 모세는 그냥 지나치지 않고 80세의 노구를 이끌고 그곳으로 갔다. 아마도 급한 마음에 달려갔을지도 모른다. 이렇게 자신의 일터에서 일어난 일에 대한 관심과 열정을 보이는 모세의 모습이 얼마나 멋진가?

우리가 주목해야 할 부분이 바로 이 두분이다. 모세가 자신의 일터에서 벌어진 문제를 대수롭게 넘기지 않고 열정을 가지고 달려간 떨기나무 불꽃 가운데서 하나님이 모세를 부르셨다. "네가 선 곳은 거룩한 땅이니 네 발에서 신을 벗으라"(5절). 그리고 그곳에서 하나님은 모세를 애굽으로 보내 고통 속에서 부르짖는 이스라엘 자손을 구하겠다고 하셨다(10절). 이스라엘 민족을 애굽에서 약속의 땅으로 이끄는 지도자로 부름받은 것이다.

오늘 우리도 우리의 직업과 일터에 관심을 가지고 열정을 보여야 할 이유가 여기에 있다. 오늘 우리의 일도 모세의 양 치는 일처럼 따분하고 하찮은 일일 수 있다. 그러나 그 일을 주님께 하듯이 감당하는 열정을 보일 때 하나님이 우리에게도 새로운 사명을 주신다. 이런 기대로 오늘도 열정을 다해 일하도록 하자.

>>> 일하는 사람의 기도

오늘 제게 주어진 일이 하나님의 소명임을 분명하게 기억하고 일하게 하소서. 모세처럼 새로운 소명이 주어지더라도 잘 감당할 수 있도록 준비된 열정의 사람이 되게 인도해주소서.

세상의 고민에
집중하라!

아침에 그의 마음이 번민하여 사람을 보내어 애굽의 점술가와 현인들을 모두 불러 그들에게 그의 꿈을 말하였으나 그것을 바로에게 해석하는 자가 없었더라. 술 맡은 관원장이 바로에게 말하여 이르되…. 그곳에 친위대장의 종 된 히브리 청년이 우리와 함께 있기로… 그가 우리의 꿈을 풀되 그 꿈대로 각 사람에게 해석하더니 그 해석한 대로 되어 나는 복직되고 그는 매달렸나이다. 창세기 41:8-9,12-13

애굽의 왕 바로가 뭔가 심상찮은 꿈을 꾸었을 때 평소에 해몽을 잘하던 어떤 점술가와 현인들도 해석하지 못했다. 이 문제로 인해 왕과 모든 신하가 고민했다. 그때 술 맡은 관원장에게 퍼뜩 생각나는 사람이 있었는데, 그 사람이 바로 요셉이었다. '비가 오면 생각나는 사람'(?)보다 '고민되면 생각나는 사람'이 더 멋지지 않은가? 그런데 만 2년 동안 구해주겠다는 약속을 지키지 않고 잊어버린 술 맡은 관원장이었다. 요셉은 그를 많이 원망했을 것이다. 그러나 그 고통스러운 기간에 요셉은 이 세상의 번민을 해결할 준비를 하고 있었다. 이것이 놀라운 하나님의 섭리이다.

그런데 요즘 우리 시대의 젊은이들이 막막해 하는 두 가지 큰 고민의 관점으로 당시 요셉의 처지를 생각해보자. 오늘 우리 시대에는 직업과 결혼이라는 큰 고민이 젊은이들의 어깨를 짓누른다. 요셉은 어땠을까? 어느덧 나이가 서른 살이 되었지만 노예로 팔려 객지생활을 하고 있었고, 윗사람의 아내 강간 미수범으로 감옥에 갇혀 있는 신세였다. 결혼은 물론 못했고, 직업도 없고 살아나올 가능성이 별로 없는 감옥생활을 하고 있는 딱한 젊은이였다. 그런데 요셉이 세상의 고민에 관심을 가지고 세계를 다스리는 애굽의 왕 바로의 번민에 집중했다. 그러자 어떤 일이 벌어졌는가?

요셉이 당시 세계 최강제국인 애굽의 치리자 바로의 고민에 집중하다 보니 결국 자신의 고민이 해결되었다. 요셉은 애굽의 총리가 되어 자신의 직업문제를 해결했다. 또한 바로 왕이 중매를 서주어 아스낫이라는 여인과 결혼도 했다. 이렇게 요셉이 세상의 고민을 풀어내니 자기 인생의 고민도 풀렸던 것을 예수님이 요약해주셨다. "너희는 먼저 그의 나라와 그의 의를 구하라. 그리하면 이 모든 것을 너희에게 더하시리라"(마 6:33). 당신은 오늘 어떤 일을 하는가? 고민되는 일이 있을 때 생각나는 사람인가?

>>> 일하는 사람의 기도

세상의 고민을 피하지 않겠습니다. 세상의 고민 속에서 하나님의 안타까움을 보게 하시고 오늘도 저의 일을 통해 지식과 능력을 쌓아가며 해결 능력을 키우게 도와주소서.

우리가 일하는 곳, **거룩한 땅!**

여호수아가 여리고에 가까이 이르렀을 때에 눈을 들어 본즉 한 사람이 칼을 빼어 손에 들고 마주 서 있는지라. …나는 여호와의 군대 대장으로 지금 왔느니라 하는지라. 여호수아가… 이르되 내 주여 종에게 무슨 말씀을 하려 하시나이까. 여호와의 군대 대장이 여호수아에게 이르되 네 발에서 신을 벗으라. 네가 선 곳은 거룩하니라 하니 여호수아가 그대로 행하니라. 여호수아 5:13-15

이스라엘 백성들이 40년의 광야생활을 마치고 가나안 족속과 싸워야 하는 상황이 되었을 때 지도자 여호수아는 긴장하고 있었다. 가장 먼저 맞닥뜨려야 하는 여리고 성에 가까이 가보았던 여호수아는 칼을 빼든 사람을 보고 놀랐다. 그에게 적인지 아군인지 물었다. 그런데 그 사람은 하나님의 군대 대장이라고 했다. 여호수아는 그 상황에서 하나님의 말씀을 들어야 한다는 사실을 깨달았다. 내 편을 만드는 일보다 더 중요한 것이 하나님의 뜻을 찾는 것이었다.

여호수아가 하나님의 말씀을 듣겠다고 하자 여호와의 군대 대장은 말했다. "네 발에서 신을 벗으라. 네가 선 곳은 거룩하니라."

여호수아는 그 말이 그리 생소하지 않았다. 전에 모세가 호렙 산에서 들은 "네가 선 곳은 거룩한 땅이니 네 발에서 신을 벗으라"(출 3:5)는 말씀에 대해 알고 있었을 것이다. 그 땅 호렙 산은 뒷날 율법이 주어지는 곳이니 거룩하다고 말할 수 있었다. 그런데 곧 전쟁이 벌어질 가나안의 여리고 성 근처의 땅을 가리켜 거룩하다고 하니 여호수아는 의아했을 것이다.

그러나 가나안 땅, 그곳이 거룩한 땅이었다. 싸움을 해야 하기에 불안하고 두렵기도 한 땅이지만 그곳에 하나님이 계시다는 사실로 인해서 그 땅은 거룩한 곳이었다. 오늘 우리가 일하는 곳, 치열하게 비즈니스 전쟁을 하는 우리 일터가 바로 거룩한 땅이다. 우리가 일하는 곳에 하나님이 계시기 때문에 거룩하다는 것이다. 우리는 우리의 일터에서 예수님이 우리와 함께 일하시도록 해야 한다. 우리가 하는 일도 거룩하다. 오늘도 거룩한 땅에서 거룩한 일을 주님과 함께하자.

제가 일하는 일터가 거룩한 하나님의 땅임을 명심하겠습니다. 일에 대해 영적인 목표를 가지고 일터에서 섬기는 사람들과 함께 거룩한 하나님의 일을 감당하게 하소서.

세상 속에서
하나님의 사역자인 당신

아합이 왕궁 맡은 자 오바댜를 불렀으니 이 오바댜는 여호와를 지극히 경외하는 자라. 이세벨이 여호와의 선지자들을 멸할 때에 오바댜가 선지자 백 명을 가지고 오십 명씩 굴에 숨기고 떡과 물을 먹였더라. 열왕기상 18:3-4

열왕기상 18장에 나오는 오바댜는 엘리야나 아합 왕이 주연을 이루는 무대에서 멋진 조연으로 손색이 없다. 그런데 이 오바댜가 없이는 갈멜 산의 놀라운 이적과 하나님의 역사가 있기 힘들었다 해도 그리 틀리지 않을 것이다. 오바댜는 악명 높은 왕 아합의 왕궁 맡은 자였다(3절). 즉 궁궐의 살림을 책임진 사람이었다. 그 정도로 아합 왕이 신임하는 측근 신하였는데 "여호와를 지극히 경외하는 자"라고 소개했다. 아니 하나님을 지극히 경외하는 사람이 어떻게 가장 악명 높은 왕의 측근 신하가 되어 그의 오른팔 노릇을 한단 말인가?

그런데 이세벨 왕비가 하나님의 선지자들을 다 죽일 때 오바댜가 선지자 100명을 구해서 오십 명씩 굴에 숨기고 먹여 살린 일은(4절) '쉰들러 리스트'를 보는 듯하다. 이런 일을 당시에 누가 할 수 있었을까? 위대한 선지자 엘리야는 기근의 때에 자신의 입 하나 건사하기도 힘든 딱한 삶을 살고 있었는데, 어떻게 이런 큰 일을 할 수 있었겠는가? 그런데 오바댜가 그 일을 했다. 또한 오바댜는 원수같이 지내면서 서로 얼굴을 보려고도 하지 않는 아합 왕과 엘리야 사이를 연결해주는 가교 역할을 감당했다. 아합 왕의 측근 신하인 오바댜였기에 이런 일을 할 수 있었다.

오늘날로 말하면 이른 바 평신도였던 오바댜의 직업 자체가 하나님의 사역이었다. 선지자의 사역만 하나님의 일이 아니라 세상의 직업도 하나님의 일이다. 또한 오바댜에게 있어서는 직업이 사역의 통로가 되었다. 오바댜의 지위와 직업적인 위치가 하나님의 사역을 위한 도구가 되었다는 것이다. 오늘도 세상의 일터에서 일하는 우리가 바로 오바댜와 같은 하나님의 사역자다.

>>> 일하는 사람의 기도

엘리야의 역할이 있고 오바댜의 역할이 있습니다. 하나님의 나라는 이 두 사역자들이 함께 힘을 합해 이루어가는 것임을 명심하겠습니다. 오늘 저의 역할, 오바댜로서 일터에서 사역하는 일을 잘 감당하게 도와주소서.

성전 짓기
: 우리의 평생 소명

금과 은과 놋과 철이 무수하니 너는 일어나 일하라. 여호와께서 너와 함께 계실지로다 하니라. 이제 너희는 마음과 뜻을 바쳐서 너희 하나님 여호와를 구하라. 그리고 일어나서 여호와 하나님의 성전을 건축하고 여호와의 언약궤와 하나님 성전의 기물을 가져다가 여호와의 이름을 위하여 건축한 성전에 들이게 하라 하였더라. 역대상 22:16,19

구약시대의 성전은 하나님의 임재를 상징하는 장소였다. 또한 하나님의 영광이 드러나는 장소이며 평화의 의미를 담고 있다. 이 성전은 또한 우리가 평생의 소명으로 지어갈 우리 인생의 목적이기도 하다. 다윗 왕이 그의 생애에 짓고 싶었으나 하나님이 만류하셔서 결국 아들 솔로몬이 짓게 되었다. 솔로몬에게 유언을 하면서 다윗 왕이 성전을 위해 무엇을 준비하라고 하는지 살펴보면 우리 인생에서 우리가 준비해야 할 것들이 무엇인지 확인할 수 있을 것이다.

첫째로 다윗 왕은 돈을 언급했다(14절). 환난 중에 다윗은 금, 은, 놋, 철, 목재, 돌 등을 많이 준비했다. 많이 준비했으나 솔로몬에게 더 준비하라고 했다.

둘째는 능력과 전문성이다(15-16절). 우리는 인생에서 하나님의 성전을 세우기 위해 전문가가 되어야 한다. 돌을 다루면 돌을, 나무를 다루면 나무를 잘 다룰 수 있도록 나 한 사람이 준비되는 것이 바로 하나님의 나라를 세우는 구체적인 방법이다.

셋째는 사람이다(17절). 일은 혼자서 할 수 있는 게 아니다. 세상에서 제대로 일을 감당하기 위해서는 힘을 합해야 한다. 먼저 내가 헌신을 해야 한다. 그리고 하나님의 나라를 세우기 위한 동역자들을 많이 만들어야 한다.

마지막 네 번째 성전을 세우는 자원은 바로 믿음이다(19절). 다윗이 마지막으로 솔로몬과 모든 신하에게 부탁한다. 하나님 여호와를 구하라고. 하나님을 의지하는 것, 이것은 우리가 가진 돈과 능력과 사람을 다 합한 것보다도 더 중요하다. 하나님이 박수쳐 주시는 성공을 위해 우리는 마음과 정신을 모아서 오직 하나님 여호와를 구해야 하겠다. 재물과 능력과 사람과 믿음을 가지고 우리는 우리 인생의 성전을 만들어가고, 하나님의 나라를 세워갈 수 있어야 하겠다.

>>> 일하는 사람의 기도

하나님, 솔로몬에게 허락하신 인생의 성전을 저도 지어야 하겠습니다. 하나님이 주신 인생의 자원들로 멋진 하나님의 집을 짓는 소명의 삶을 살게 도와주소서.

008

하나님의 영광과 남의 유익을 구하는 인생

누구든지 자기의 유익을 구하지 말고 남의 유익을 구하라. 그런즉 너희가 먹든지 마시든지 무엇을 하든지 다 하나님의 영광을 위하여 하라.
고린도전서 10:24,31

기독교의 기본적인 교리를 담은 〈소요리문답〉 1번은 사람의 제일 되는 목적이 하나님을 기쁘시게 하고 하나님을 영화롭게 하는 것이라고 기록한다. 바울은 이방신에게 바쳤던 제물 먹는 문제를 언급하면서 우리의 인생은 하나님의 영광을 위해 살아야 인생의 진정한 목적을 달성하는 것이라고 강조한다. 먹든지 마시든지 무슨 일을 하든지 그래야 한다. 또한 우리는 자기의 유익이 아니라 남의 유익을 구하기 위해 노력해야 한다. 바울은 이방신에게 바친 제물을 먹는 게 아무런 문제가 없었지만, 그 문제로 인해 시험에 드는 형제가 있다면 그 제물 먹는 것을 포기할 것이라고 단호하게 입장을 피력한다. 이렇게 다른 사람을 위해 살아가는 인생이 바로 하나님을 영화롭게 하고, 하나님에게 영광을 돌리는 삶을 사는 것이 틀림없다.

「만 원의 수술, 만 원의 행복」이라는 책을 낸 한성익 박사가 있다. 그는 치과대학을 졸업하고 힘들게 의대에 다시 입학해서 성형외과를 졸업하고, 의학과 치의학 두 분야에서 박사학위를 받았다. 일본에서 침샘암 환자를 수술하는 장면을 보고 감동을 받아 얼굴에 장애를 가지고 숨어 사는 사람들을 찾아 수술해주었다. 같은 마음을 가진 독지가들이 제공하는 재료비와 뜻을 같이하는 동료 의사들과 함께 안타까운 사람들을 살리는 그 귀한 일을 감당한다. 천주교 신앙을 가진 그는 안면성형이 정말 필요한 장애인들을 위한 헌신의 의술을 다하고 있다. 그런데 만 원씩을 받는다. 공짜로 해주면 환자의 자존감이 망가지기 쉬워서 만 원을 내고 수술을 받도록 하는 것이다.

그리고 자신이 수술받은 것이 고마워서 보답하려는 사람이 있으면 다른 사람이 수술받을 수 있도록 도우라고 한다는 것이다. 치과성형의사 한성익 박사의 삶을 보면서 남을 위해 사는 삶이 왜 가치 있는지, 특히 그리스도의 이름으로 이런 인생을 사는 사람이 얼마나 멋진지 알 수 있었다.

>>> 일하는 사람의 기도

어떻게 사는 삶이 하나님의 영광을 위하고 다른 사람들의 유익을 구하는 것인지 배우게 하소서. 저의 일을 통해 결국 사람들을 살릴 수 있도록 인도해주소서

하나님 나라의 왕임을 잊지 마라!

다윗이 이 말을 그의 마음에 두고 가드 왕 아기스를 심히 두려워하여 그들 앞에서 그의 행동을 변하여 미친 체하고 대문짝에 그적거리며 침을 수염에 흘리매 아기스가 그의 신하에게 이르되 너희도 보거니와 이 사람이 미치광이로다. 어찌하여 그를 내게로 데려왔느냐. 사무엘상 21:12-14

치열한 삶의 현장에서 살다 보면 우리는 간혹 우리 자신의 존재에 대해 망각할 때가 있다. 우리는 "택하신 족속이요 왕 같은 제사장들이요 거룩한 나라요 그의 소유가 된 백성"(벧전 2:9)으로 살아가야 한다. 그런데 다윗은 자신의 정체를 망각하여 아찔한 경험을 했다. 사울 왕의 미움으로 생명의 위협을 받던 다윗이 가드의 아기스 왕에게 가서 망명 의사를 밝히자 그의 신하들이 말했다. "이는 그 땅의 왕 다윗이 아니니이까"(삼상 21:11). 다윗은 이 말을 듣고 뜨끔했을 것이다. 아기스의 신하들의 입을 통해 다윗은 하나님의 음성을 들었다. 블레셋 사람들은 다윗이 왕으로 기름부음 받은 것을 알고 있었다. "그 땅의 왕 다윗!"

이 말을 들으면서 다윗은 '이스라엘의 왕이 지금 이곳에 도망

나와 있는가?'라는 깨달음을 얻었을 것이다. 누구에게도 들어보지 못한 말을 망명지에서 듣게 되었다. 그러자 다윗은 미친 체 해서 겨우 위기를 모면했다. 이스라엘의 왕이 대문을 그적거리고 침을 흘리는 모습을 보였으니 하나님이 얼마나 우스워진 것인가? 이스라엘의 차기 왕인 줄 알았던 다윗이 미쳐버렸으니 블레셋의 신하들은 얼마나 통쾌했겠는가? 하나님의 이름과 영광은 더욱 비참하게 곤두박질쳤다.

우리도 마찬가지다. 우리가 하나님의 자녀요, 이 세상을 정복할 왕인 사실을 잊어버리면 하나님의 이름을 욕되게 한다. 우리는 하나님의 나라를 세워나가는 세상 속 크리스천 직업인 아무개, 아직 완전하지는 않지만 이미 왕으로 부름받은 우리의 정체를 늘 되새기며 살아야 한다. 그렇지 못하면 비틀거리고 부축받으며 살 수밖에 없을 것이다. 미친 체하면서 겨우 살아날지도 모른다. 명심하도록 하자.

>>> 일하는 사람의 기도

세상에서 창조주 하나님의 대리인으로 살아가며 창조의 명령을 이루는 저의 사명을 잊지 않게 도와주소서. 저의 존재를 분명하게 인식하며 살아가겠습니다.

가로수 위에서
부름받은 사람

삭개오라 이름하는 자가 있으니 세리장이요 또한 부자라. 그가 예수께서 어떠한 사람인가 하여 보고자 하되 키가 작고 사람이 많아 할 수 없어 삭개오가 서서 주께 여짜오되 주여 보시옵소서. 내 소유의 절반을 가난한 자들에게 주겠사오며 만일 누구의 것을 속여 빼앗은 일이 있으면 네 갑절이나 갚겠나이다. 누가복음 19:2-3,8

예수님 당시에 여리고의 세리장이었던 삭개오는 '깨끗한 자'라는 이름의 뜻을 가지고 있었다. 당시 팔레스타인을 지배하던 로마는 식민지의 세금 징수를 위해 현지인 책임자를 고용했는데, 입찰제로 세금 징수권을 부여했다. 가장 많은 세금을 징수하겠다는 사람을 세무 책임자로 세웠던 것이다. 그런 상황이니 세리장 삭개오가 부자 된 과정을 우리는 어렵지 않게 상상할 수 있다.

동족의 피를 빨고 자기 배도 채운 삭개오였으나 풀지 못할 인생의 고민을 가지고 있었다. 일종의 자책감과 소외감이었을까? 심각한 고민을 풀 수 없었다. 그러다가 삭개오는 예수님이 여리고를 지나가신다는 소문을 듣고 예수님을 만나 보려고 노력했다.

나이도 지긋했을 사람이 가로수 위로 기어오르다니? 그만큼 삭개오는 예수님을 간절하게 만나고 싶었던 것이다. 그런데 예수님이 나무 위에 올라선 삭개오에게 다가와 말씀하셨다. "삭개오야!" 그런데 언제 예수님이 삭개오를 만나신 적이 있는가? 삭개오의 이름을 이미 알고 계신 예수님은 그가 걸어온 인생의 역정도 아셨다. 그의 고독과 상처와 눈물도 아셨다. 그 예수님이 바로 오늘 나의 이름도 부르신다.

예수님을 만난 삭개오는 예수님이 자신의 인생 주인임을 고백한다. 새로운 인생의 소명을 찾았다. 그동안 살아온 자신의 인생에서 가장 중요했던 돈을 포기하겠다고 선언했다. 더구나 삭개오는 예수님을 만난 이후 직업을 버리고 제자가 되지 않았다. 아마도 팔레스타인 중동부 지역에 살던 사람은 예수님을 만나 변화되어 더 이상 돈 욕심 부리지 않고 제대로 일하는 세리장 한 사람을 만났을 것이다. 삭개오가 가로수 위에서 발견한 소명의 멋진 뒷이야기를 상상해 볼 수 있다.

>>> 일하는 사람의 기도

저에게도 삭개오에게 주신 소명을 허락하심을 감사합니다. 저도 일터에서 직업인으로 살아가면서 예수님을 전하고 소명을 실천하며 살아가게 도와주소서.

죽어서도 유산으로 남기는 **소명**

요셉이 그의 형제들에게 이르되 나는 죽을 것이나 하나님이 당신들을 돌보시고 당신들을 이 땅에서 인도하여 내사 아브라함과 이삭과 야곱에게 맹세하신 땅에 이르게 하시리라 하고 요셉이 또 이스라엘 자손에게 맹세시켜 이르기를 하나님이 반드시 당신들을 돌보시리니 당신들은 여기서 내 해골을 메고 올라가겠다 하라 하였더라. 창세기 50:24-25

죽음의 순간에 평생을 추구하며 살았던 자신의 비전을 후손들에게 계승하는 유언을 남긴다면 얼마나 복된 인생의 마무리일까? 창세기의 마지막 부분이 바로 그렇게 멋진 유언을 하는 요셉의 이야기를 기록한다. 요셉이 어린 시절부터 간직하고 있었던 비전은 그저 높은 지위에 오르는 것이 아니라 세계에 하나님의 통치를 드러내고 이스라엘 민족을 보호하였다가 약속의 땅으로 가도록 하는 일이었다. 110세에 세상을 떠날 무렵에도 요셉은 그 사실을 분명하게 기억하고 후손들에게 부탁했다.

애굽에서 90년 이상을 살았던 요셉은 자신이 죽더라도 이스라엘 백성들을 하나님이 인도하실 줄 믿고 있었다. 하나님이 약속하신 땅, 아브라함과 이삭과 야곱에게 맹세하신 가나안 땅으로 그의 후손들을 이끌어주실 것을 확신했다. 이것이 바로 사도 바울이 말한 크리스천의 정체성이다. '세상', 혹은 '일터와 하늘나라'의 이중시민권을 가지고 살아가는 우리의 모습을 보여준다. "그러나 우리의 시민권은 하늘에 있는지라. 거기로부터 구원하는 자 곧 주 예수 그리스도를 기다리노니"(빌 3:20).

요셉은 평생 자신의 비전을 꿈꾸고 이루었을 뿐만 아니라 자신이 죽은 후에도 계속해서 확장되어 가는 하나님 나라에 대한 인식이 분명히 있었다. 이렇게 우리의 비전은 나에게서 끝나는 게 아니다. 우리 후배들이 할 것이다. 우리 자녀들이 할 것이다. 그래서 계승이 중요하다. 성공은 계승되어야 가치 있다. 요셉의 유언을 보면서 하나님이 나와 우리 공동체에 주신 비전을 다시 한 번 점검해보자.

>>> 일하는 사람의 기도
세상 속에서 크리스천 직업인으로 살아가며 하나님의 나라를 늘 생각하겠습니다. 저의 비전을 후배들에게 계승하면서 하나님이 기뻐하시는 소명을 추구하게 하소서.

먼저 하나님의 나라와
의를 구하라

지금 당신은 **무엇**을 하고 있는가?

종들아 모든 일에 육신의 상전들에게 순종하되 사람을 기쁘게 하는 자와 같이 눈가림만 하지 말고 오직 주를 두려워하여 성실한 마음으로 하라. 무슨 일을 하든지 마음을 다하여 주께 하듯 하고 사람에게 하듯 하지 말라. 이는 기업의 상을 주께 받을 줄 아나니 너희는 주 그리스도를 섬기느니라. 골로새서 3:22-24

영국의 세인트존교회가 지어질 때 한 기자가 일하던 인부들에게 차례로 같은 질문을 했다. 첫 번째 인부에게 "지금 당신은 무엇을 하고 있습니까?"라고 물었더니 그는 이렇게 대답했다. "보다시피 먹고살려고 일하고 있지요." 같은 질문에 두 번째 사람이 대답했다. "아, 그야 이 일이 내 직업이니까 이 일을 하고 있는 거죠." 세 번째 사람은 이렇게 대답했다. "나는 지금 하나님의 교회를 짓고 있습니다."

사도 바울은 골로새교회에 출석하던 노예 성도들에게 그들이 하는 일이 다 하나님의 일이라고 말했다. 그들이 섬기는 주인들을 하나님 대하듯이 대하고 무슨 일을 하든 그 일을 주님께 하듯이 하라고 권면한다. 그런데 바울이 말하는 "무슨 일"은 참 힘든 일이었다. 당시 노예제도가 사회의 기본적인 경제 체제였던 로마 사회에서 집안의 종들이 하는 일은 많고도 힘들었다. 가정경제에 관한 모든 일을 그들이 책임졌다. 집안의 모든 자질구레한 일도 종들이 했다. 밤사이에 주인의 배설물을 담은 그릇을 아침에 치워야 하는 일도 종들의 몫이었다. 그런데 바울은 바로 그런 모든 일을 주께 하듯 하라고 권면하고 있다.

오늘 우리도 우리에게 주어진 일을 할 때 이런 자세가 필요하다. "당신은 여기서 무엇을 하고 있습니까?"라는 질문을 받으면 어떻게 대답하겠는가? 하찮고 귀찮은 일, 어제 하던 일을 반복해서 하는 일, 그 모든 일을 우리는 주님께 하듯이 해야 한다. 우리도 일을 통해 하나님을 섬기고 있는 것이다. 자신의 일을 하나님이 주신 사명으로 여겼던 세 번째 인부처럼 우리의 일에 담긴 사명을 분명하게 깨닫도록 해야 한다.

>>> 일하는 사람의 기도
호구지책만도 아니고 인생의 보람을 추구하는 일만도 아닌 하나님이 주신 사명을 추구하며 살아가게 도와주소서. 늘 주님께 하듯이 일할 수 있게 인도해주소서.

일터에서 사역하는
왕 같은 제사장

그러나 너희는 택하신 족속이요 왕 같은 제사장들이요 거룩한 나라요
그의 소유가 된 백성이니 이는 너희를 어두운 데서 불러내어 그의 기이
한 빛에 들어가게 하신 이의 아름다운 덕을 선포하게 하려 하심이라.
베드로전서 2:9

교회 안에서 '성직자' 나 '평신도' 라는 단어가 자연스럽게 사용
되고 있다. 그런데 이 용어들은 성경적인 표현은 아니다. 다 같이
우리는 '성도' 다. 리치 마샬은 자신의 저서 「왕의 사역」에서 목회
자나 평신도라는 용어 대신에 '제사장' 과 '왕' 이라는 용어로 대
체하자고 제안한다. 평신도든 목회자든 그리스도 안에서 모든 생
애를 다 바치도록 동일하게 부름받았다는 점에서 모든 성도가 다
'전임사역자' 라는 주장이다. 다만 영역에 있어서만 차이가 있는
사역을 감당한다.

사도 베드로가 성도들에게 바로 "왕 같은 제사장들"이라고 성
도들의 정체성을 정의해준다. 성도들은 일터와 가정과 사회에서
왕과 제사장이다. 목회자는 교회 안에서 그 일을 한다. 그러면 제

사장의 역할은 무엇인가? 구약시대의 저사장의 역할은 하나님과 이스라엘 백성들의 사이를 중보하는 것이었다. 제사 의식을 통해 중보했고, 또한 율법을 가르치는 일을 통해 중보자의 역할을 했다. 오늘 어떻게 이런 역할을 하는지 베드로가 이야기한다. 예수 그리스도의 아름다운 덕을 선포하는 역할이다. 긍휼을 얻어 하나님의 백성 된 우리는 일터의 우리 동료들에게 그리스도를 전파하는 역할을 통해 하나님과 세상 사이를 중보하는 것이다.

왕의 역할은 하나님의 통치를 세상에 드러내는 것이다. 세상을 창조하시고 사람에게 만물을 다스리라고 하신 하나님의 창조명령을 받아 하나님의 대리자로 세상에서 섬기는 역할이다. 리치 마샬 목사가 아르헨티나의 라 플라타에서 일하는 한 택시 기사를 위해 기도하고, 그를 왕으로 임명하면서 말했다. "이제부터는 이 택시가 당신의 사역지입니다. 그래서 하나님은 이 택시를 통해 당신을 사용하시고자 합니다." 우리도 우리가 일하는 일터에서 제사장과 왕으로 사역할 수 있어야 한다.

>>> 일하는 사람의 기도

저의 직장 일과 사업이 바로 저의 사역임을 기억하게 하소서. 삶의 현장에서 하나님과 세상 사람들 사이를 중보하는 역할을 잘 감당하게 도와주소서.

남다른 **인생의 목적**
: 사람!

> 내 형제들 가운데 하나인 하나니가 두어 사람과 함께 유다에서 내게 이르렀기로 내가 그 사로잡힘을 면하고 남아 있는 유다와 예루살렘 사람들의 형편을 물은즉 그들이 내게 이르되 사로잡힘을 면하고 남아 있는 자들이 그 지방 거기에서 큰 환난을 당하고 능욕을 받으며 예루살렘 성은 허물어지고 성문들은 불탔다 하는지라. 느헤미야 1:2-3

페르시아 왕 고레스의 해방칙령으로 유다 백성들이 고국으로 돌아가게 되었다. 1차 귀환을 한 후 12년이 지났을 때 느헤미야는 아닥사스다 1세의 궁정관리로 일하고 있었다. 그러던 중 고국에 다녀온 사람들로부터 예루살렘 성벽이 무너지고 성문이 불탔다는 비보를 들었다. 사실 느헤미야는 포로로 잡혀간 사람들 중에서 매우 성공한 축에 속했다. 그러나 그의 관심사는 따로 있었다. 특히 그는 사람과 일 중에서 사람에게 먼저 관심을 가졌다.

그가 예루살렘을 다녀온 자기 형제 하나니에게 질문을 한다. 개역개정판 성경은 "유다와 예루살렘 사람들의 형편"을 물었다고 번역하지만, 예전의 개역한글판 성경이 원문의 의미를 살려

제대로 번역했다. "사로잡힘을 면하고 남아 있는 유다 사람과 예루살렘 형편"(2절)을 차례로 물었다고 한다. 그러자 느헤미야의 질문에 대한 하나니의 대답도 사로잡힘을 면하고 남아 있는 "사람들"과 "예루살렘 성벽"의 형편에 대한 순서였다(3절). 말하는 순서는 보통 그 사람의 관심사를 말한다. 느헤미야는 예루살렘 성벽보다 사람에게 더욱 관심이 있었다.

역대하 36장 15절을 보면 "조상들의 하나님 여호와께서 그의 백성과 그 거하시는 곳(=성전)을 아끼사 부지런히 그의 사신들을 그 백성에게 보내어 이르셨으나"라고 한다. 하나님은 심지어 그분이 거하시는 곳, 성전보다도 그분의 백성들을 아끼셨다. 오늘 우리가 우리의 일터와 교회와 조국을 세우기 위해 갖는 하나님 나라의 비전도 사람 중심이어야 한다. 결국 우리는 사람을 세우는 일을 통해 하나님의 나라를 세운다. 우리의 궁극적인 인생 목표는 바로 사람에게 있다.

>>> 일하는 사람의 기도

하나님의 관심사처럼 사람을 생각하게 하소서. 느헤미야처럼 사람을 섬기며 세우는 일을 인생의 궁극적인 목적으로 삼고 일하게 인도해주소서.

하나님의 나라와 의를 구하는 삶

너희는 먼저 그의 나라와 그의 의를 구하라. 그리하면 이 모든 것을 너희에게 더하시리라. 마태복음 6:33

세상에서 가장 분명하게 눈에 띄는 움직임은 아마도 돈과 관련되어 있을 것이다. 우리의 일터에서도 매출이 중요하고 수익의 극대화가 최고의 평가기준이 되었다. 이렇게 돈의 가치와 힘이 큰 것을 예수님도 아시고, 하나님과 돈을 동시에 섬기지 말라는 말씀을 하셨다(마 6:24). 세상의 중심은 돈이 아니다. 예수님이 돈과 비교의 대상으로 삼으신 하나님이 바로 세상의 중심이다. 그래서 예수님은 이방인들이 구하는 모든 삶의 필요, 즉 돈을 구하는 것이 아니라 하나님의 나라와 하나님의 의를 구하는 삶을 살라고 하셨다. 이것은 어떤 삶일까?

사랑에 빠진 사람을 생각해보라. 사랑에 빠지면 사랑하는 사람이 하자는 대로 한다. 옆에서 보면 바보 같은데, 그렇게 하면서도 즐거워한다. 그래서 사랑에 눈이 멀었다고 표현한다. 하나님을 믿는 신앙은 바로 이런 것을 의미한다. 일을 할 때 우리는 먼저 하나님의 뜻을 생각해야 한다. 하나님을 기쁘게 하는 일이 무엇인지 먼저 생각하는 것이다. 다른 사람들은 다 그렇게 해도 하나님의 기분에 맞지 않는 일이라면 포기할 수 있다. 그러기 위해 항상 내가 하나님 앞에서 산다고 생각하며 행동해야 한다. 상황이 우리를 엉뚱한 데로 몰아갈 때가 있어도 상황이나 사람보다 하나님을 먼저 생각해서 결단하고 행동하는 것이다.

「메시지」 성경은 마태복음 6장 33절을 이렇게 표현한다. "하나님과 그분의 일하시는 방식을 모르는 사람은 그런 일로 안달하지만, 너희는 하나님이 실체가 되시고, 하나님이 주도하시며, 하나님이 공급하시는 삶에 흠뻑 젖어 살다라. 뭔가 놓칠까봐 걱정하지 마라. 너희 매일의 삶에 필요한 것은 모두 채워주실 것이다." 어떻게 하면 하나님 중심으로 살까 고민하며 돈에 집착하지 말라는 말씀이다. 하나님이 실체가 되고 주도하시는 삶에 흠뻑 젖어 살도록 노력해야 하겠다.

>>> 일하는 사람의 기도
다른 사람들은 그렇게 살지 않더라도 하나님 중심으로 늘 살아갈 수 있게 저를 인도해주소서. 모든 일에 하나님을 중심으로 생각하고 일할 수 있도록 도와주소서.

세상이 고통받을 때
창고를 열라

온 지면에 기근이 있으매 요셉이 모든 창고를 열고 애굽 백성에게 팔새 애굽 땅에 기근이 심하며 각국 백성도 양식을 사려고 애굽으로 들어와 요셉에게 이르렀으니 기근이 온 세상에 심함이었더라. 창세기 41:56-57

사람들은 '비전'에 대해서 자주 말하지만 보통 내일을 제대로 준비하지는 않는다. 요셉은 애굽 바로 왕의 꿈을 해석하며 7년 풍년과 7년 흉년을 예언했다. 엄청난 풍년이 7년간이나 계속되었다면 이후 7년간의 극심한 흉년도 당연히 있을 것이다. 그럼에도 사람들은 준비를 잘 못했다. 애굽 백성들도 흉년이 2년밖에 지나지 않았는데 가지고 있는 모든 것을 다 팔아서 겨우 연명하고 있었다.

그런데 요셉은 준비를 했다. 바로 '창고'를 준비했다. 대부분의 사람들은 준비하지 못할 때, 연이은 풍년으로 곡식이 남고 풍족할 때, 사람들이 흥청망청 풍요에 취해서 지낼 때 요셉은 치밀하게 창고를 준비했다. 요셉은 전국 여러 곳에 거대한 창고를 짓고 풍년 때 생산되는 곡식의 20퍼센트를 차곡차곡 저장했다. "쌀아 둔 곡식이 바다 모래같이 심히 많아 세기를 그쳤으니 그 수가 한이 없음이었더라"(창 41:49). 이렇게 요셉은 창고를 준비했고, 그 많은 곡식을 보존하고 저장하는 방법을 알고 있었다.

그리고 요셉은 흉년이 심해졌을 때 모든 창고를 열었다. 참 가슴 벅찬 모습이 아닌가? 그래서 굶어 죽어가는 사람들을 살렸다. 요셉은 곡식을 공짜로 나눠주지 않고 팔았다. 이것은 단순한 장사가 아니다. 그 비즈니스로 결국 세상 사람들을 살렸다. 수많은 애굽 사람들을 살렸고, 자기 가족인 이스라엘 백성들을 살리기도 했다. 형들에게 미움을 받아 팔려온 소년 요셉이 결국 그 사람들을 살렸다. 세상 사람들이 7년이나 계속되는 흉년 동안에 굶어죽지 않게 한 사람이 바로 요셉이다. 오늘도 세상은 고통받고 있다. 이 세상을 살릴 사람들이 누구인가? 우리드 지식의 창고, 인재들의 창고를 준비하자. 그래서 세상이 고통받을 때 그것을 여는 것이다. 기근의 때에 세상을 향해 우리의 창고를 열어 세상을 살리자.

세상의 고통을 한탄하거나 비판하지 않겠습니다. 세상이 고통받을 때 제가 준비한 지식의 창고를 활짝 열어 세상을 구원할 수 있도록 인도해주소서.

자신의 일을
즐거워하는 **기쁨**

그러므로 나는 사람이 자기 일에 즐거워하는 것보다 더 나은 것이 없음을 보았나니 이는 그것이 그의 몫이기 때문이라. 아, 그의 뒤에 일어날 일이 무엇인지를 보게 하려고 그를 도로 데리고 올 자가 누구이랴. 전도서 3:22

미국의 소설가 겸 목사인 프레드릭 뷰크너가 자신의 저서 「통쾌한 희망사전」에서 '직업'(Vocation)을 설명하면서 하나님이 명하신 직업을 분별하는 좋은 방법을 소개한다. 하나님이 부르시는 일은 보통 (1)개인적으로 하고 싶고, 또 해야 하는 일이고 (2)세상을 위해서도 반드시 해야 할 필요가 있는 일이다. 만일 한 사람이 정말 신나는 직업을 갖고 있다면 (1)의 조건은 충족시켰을 것이다. 그런데 담배 광고를 제작하는 일을 한다면 (2)의 조건은 놓친 셈이다. 반대로 누군가 한센병 환자 마을에서 봉사하는 의사라면 (2)는 충족시켰지만 대부분의 시간을 지겨워하거나 우울하게 보낸다면 (1)을 무시했고 환자에게도 별 도움을 주지 못한다.

그가 정의한 직업은 "하나님이 당신을 부르시는 장소는 당신의 기쁨과 세상의 깊은 갈망이 만나는 곳"이다. 우리는 열정으로만 덤비거나 세상 사람들처럼 돈이나 명예에 목숨 걸지도 말아야 한다. 바람직한 직업 선택의 비법은 내가 좋아하고 잘하는 일을 세상의 필요에 부합시키기 위해 노력하는 것이다. 하나님이 사랑하시는 세상을 알기 위해 노력한다면 가슴이 뛰고 기쁨이 넘치는 일을 발견할 수 있을 것이다.

전도서 3장에서 전도자는 일의 즐거움을 강조하기 위해 죽음 뒤의 일을 알 수 없다고 말한다. 사람은 다 흙으로 말미암았기에 흙으로 돌아간다. 그러기에 이 세상에서 일을 중히 여기고 열심히 해야 한다. 천국에는 일이 없다. 우리는 우리가 하는 일의 의미를 제대로 깨달아야 한다. 전도자가 자기 일에 즐거워하는 것보다 나은 것이 없고, 그것이 그 사람의 복이라는 말씀을 우리의 삶 속에서 적용해보자. 내가 즐거워야만 기쁜 일이 아니라 세상의 필요, 하나님의 관심사에도 집중하면서 우리는 바람직한 직업관을 발견해가야 할 것이다.

오늘 제가 하는 일을 제대로 감당하겠습니다. 비록 쉽지 않고 힘든 일이라도 제가 하는 일을 주님께 하듯이 즐겁게 할 수 있도록 인도해주소서.

울며 씨를 뿌리는 자에게 임하는 **은혜**

눈물을 흘리며 씨를 뿌리는 자는 기쁨으로 거두리로다. 울며 씨를 뿌리러 나가는 자는 반드시 기쁨으로 그 곡식 단을 가지고 돌아오리로다. 시편 126:5-6. 여호와께서 집을 세우지 아니하시면 세우는 자의 수고가 헛되며 여호와께서 성을 지키지 아니하시면 파수꾼의 깨어 있음이 헛되도다. 너희가 일찍이 일어나고 늦게 누우며 수고의 떡을 먹음이 헛되도다. 그러므로 여호와께서 그의 사랑하시는 자에게는 잠을 주시는도다. 시편 127:1-2

나는 편하게 자는데 하나님이 매출을 올려주시고, 풀기 쉽지 않은 문제를 친히 해결해주시는 것은 은혜이다. 여호와께서 집을 세워주시고 성을 지켜주시는 은혜를 기억해야 한다. 그런데 이 은혜라는 것은 놀고먹는 사람에게 임하는 것이 아니다. 일찍이 일어나고 늦게 누우며 수고의 떡을 먹는 것이 헛되다는 말씀을 가지고 우리는 아무런 노력을 하지 않아도 된다고 생각하는 것은 오해이다. 이 말씀은 하나님이 역사와 시간과 우리 인생의 주인이심을 강조한다.

시편 126편 5~6절 말씀대로 열심히 일하는 사람, 눈물을 흘리며 씨를 뿌리는 사람에게 은혜가 주어진다. 〈기사 윌리엄〉이라는 영화는 천민 출신의 윌리엄이 마창경기 중에 심장마비로 죽은 주인을 대신해 대회에 출전해서 승승장구하는 이야기다. 그러다가 결국은 꼬리를 잡혔다. 도망가지 않으면 귀족 신분을 사칭한 죄로 죽는데도 윌리엄은 피하지 않았다. 전에 역시 신분을 속이고 대회에 참석한 에드워드 왕자와 최선을 다해 싸운 적이 있다. 깊은 인상을 받은 왕자가 윌리엄이 참수형을 당하기 직전에 사면해 주었다. 그리고 아버지의 소원이었던 작위를 주어 윌리엄 경이 된다. 애쓰고 노력하면 이렇게 위로부터 오는 은혜가 임한다.

오늘 우리도 하나님이 우리에게 주신 비전을 가지고 부지런히 노력하면 하나님이 우리 삶에 개입하셔서 특별한 은혜를 주신다. 이 은혜를 기대할 수 있어야 한다. "When we work, we work. When we pray, God works"(우리가 일할 때는 우리가 일한다. 그러나 우리가 기도할 때는 하나님이 일하신다).

>>> 일하는 사람의 기도

일하면서 한계를 느끼는 때가 많습니다. 하나님을 의지하며 일하겠습니다. 은혜를 주소서. 눈물을 흘리며 씨를 뿌리게 하소서.

019 리더를 세우는 **헬퍼십**의 소명

> 에스라가 하나님의 성전 앞에 엎드려 울며 기도하여 죄를 자복할 때에 많은 백성이 크게 통곡하매…. 엘람 자손 중 여히엘의 아들 스가냐가 에스라에게 이르되 우리가 우리 하나님께 범죄하여…. 이는 당신이 주장할 일이니 일어나소서. 우리가 도우리니 힘써 행하소서 하니라. 이에 에스라가 일어나 제사장들과 레위 사람들과 온 이스라엘에게 이 말대로 행하기를 맹세하게 하매 무리가 맹세하는지라. 에스라 10:1-5

바벨론에 포로 되었던 유다 백성들이 귀환했다. 그런데 지도층을 포함한 수많은 유다 사람들이 이방 여인들과 결혼했고, 아이들을 낳았다. 율법을 어긴 죄를 회개하기 위해 지도자 에스라가 하나님의 전 앞에서 울며 기도했다. 자신은 이방 여인과 결혼하지 않았지만 지도자의 모범을 보인 것이다. 그러자 모인 이스라엘의 많은 백성들이 크게 통곡했다.

그때 스가냐가 백성들 가운데서 일어났다. 그리고 에스라의 개혁운동에 찬성하는 발언을 했다. 이방 여인들과 결혼하여 하나님의 언약을 어긴 것은 율법대로 바로 잡아야 할 일이니 그 뜻을 밀고 나가라고 에스라의 주장에 힘을 실어주었다. 사실 이 개혁은 꼭 필요했지만 매우 힘든 일이었다. 율법을 지키고 회복하려면 가정들이 무수하게 깨지는 안타까운 상황이 발생하는 일이었다. 하지만 스가냐의 후원으로 에스라가 힘을 얻었다. 죄를 범한 사람들에게 율법대로 행할 것을 맹세하게 했다(5절).

진정한 개혁은 이렇게 리더십과 헬퍼십이 조화를 이룰 때 가능한 것이다. 리더의 역할을 하는 사람과 더불어 헬퍼의 역할을 하는 사람이 있어야 한다. 나는 이 부분의 말씀을 보면서 스가냐처럼 헬퍼의 역할을 제대로 감당하면서 평생 사역해야겠다는 결심을 했다. 물론 리더도 꼭 필요하다. 또한 중요한 헬퍼의 역할도 하나님이 기뻐하실 것이다.

>>> 일하는 사람의 기도

하나님, 한국 교회에도, 우리 일터에도 리더를 돕는 헬퍼의 역할이 꼭 필요합니다. 제가 그런 헬퍼의 역할을 잘 감당하여 리더십을 돕도록 도와주소서. 그래서 진정 하나님이 기뻐하시는 변화와 부흥을 경험하도록 인도해주소서.

020 실행이 없는 비전은 비극

그러므로 누구든지 나의 이 말을 듣고 행하는 자는 그 집을 반석 위에 지은 지혜로운 사람 같으리니 비가 내리고 창수가 나고 바람이 불어 그 집에 부딪치되 무너지지 아니하나니 이는 주추를 반석 위에 놓은 까닭이요 나의 이 말을 듣고 행하지 아니하는 자는 그 집을 모래 위에 지은 어리석은 사람 같으리니 비가 내리고 창수가 나고 바람이 불어 그 집에 부딪치매 무너져 그 무너짐이 심하니라 마태복음 7:24-27

비전과 목표를 가진 사람들은 꽤 많다. 그런데 비전을 가졌다고 해서 다 그 비전을 이루는 것은 아니다. 비전을 실현하기 위해서는 실행에 집중해야 한다. 예수님의 산상수훈의 결론도 열매로 사람을 알 수 있다는 것이다. 말씀을 듣고 행하는 자는 든든한 기초 위에 집을 지은 사람과 같고, 말씀을 듣고 행하지 않는 자는 모래 위에 집을 지은 어리석은 사람과 같다.

「칭찬은 고래도 춤추게 한다」라는 책을 쓴 켄 블랜차드가 친구와 대화를 하다가 실행에 문제의식을 느껴 「춤추는 고래의 실천」이라는 책으로 실행을 강조했다. 제대로 실행하기 위해서는 중요한 것을 반복해야 한다. 막연히 반복하는 게 아니라 주기적으로 반복하는 것이 필요하다. 사람들은 자주 잊어버린다. 들을 때 고개를 끄덕거려도 세 시간이 지나면 절반밖에 기억하지 못한다. 하루가 지나면 또 절반을, 한 달 후에는 5퍼센트밖에 기억하지 못한다. 그러니 반복해야 한다.

또한 실행하기 위해서는 긍정적인 마음 자세를 가져야 한다. "믿음은 바라는 것들의 실상(substance)이요 보지 못하는 것들의 증거(evidence)"(히 11:1)라고 강조하며 히브리서 기자가 '믿음장'을 시작한다. 지금은 안 보이지만 결국 실체가 된 증거가 있다. 그것을 바라보는 것이 바로 믿음이다. 따라서 믿음은 긍정이다. 예수 그리스도 안에서 얼마든지 '예스'가 되는 힘이다(고후 1:20). 믿음을 가지고 비전을 성취하기 위해 반복해서 실천하며 긍정하는 삶을 오늘도 살아가도록 하자.

말씀을 듣고 행하라는 주님의 말씀에 주목하겠습니다. 비전을 위해 반복해서 실천하며 긍정의 믿음으로 매진하는 삶을 살아가도록 도와주소서.

당신의 **인생 작품**은 무엇인가?

그들이 조반 먹은 후에 예수께서 시몬 베드로에게 이르시되 요한의 아들 시몬아 네가 이 사람들보다 나를 더 사랑하느냐 하시니 이르되 주님 그러하나이다. 내가 주님을 사랑하는 줄 주님께서 아시나이다. 이르시되 내 어린양을 먹이라 하시고. 요한복음 21:15

〈홀랜드 오퍼스〉라는 영화가 있다. 교향곡을 작곡해서 이름을 날리겠다는 꿈을 가진 글렌 홀랜드가 잠시 음악교사가 되었다가 평생의 역작을 만들었다. 그런데 그것은 그가 30년 동안 단 한 곡 작곡한 교향곡 〈아메리칸 심포니〉가 아니었다. 과연 홀랜드 선생님의 작품(opus)은 무엇이었을까? 열등감에 빠져 어려움을 겪다가 극복한 한 제자가 주지사가 되었는데, 선생님의 퇴임식에서 이렇게 말한다. "선생님, 우리가 바로 선생님의 교향곡입니다. 우리가 선생님이 쓰신 작품의 음표입니다. 우리가 선생님의 음악입니다. 선생님은 우리를 작곡하셨어요." 홀랜드 선생님의 작품은 바로 평생 성공하기를 바라며 작곡한 한 편의 '교향곡'이 아니라 사랑으로 키워놓은 '제자들'이라는 뜻이었다.

우리도 인생에서 남길 것은 바로 사람이다. 예수님이 부활하신 후 갈릴리에서 제자들을 만나셨을 때 베드로에게 사명을 주셨다. 내 양을 치고 먹이라는 말씀을 반복하셨다. 주님은 만약 나를 사랑한다면 내 양들에게 관심을 가지라고 말씀하셨다. 예수님이 처음에 베드로를 부르실 때 이제 더 이상 고기를 잡는 것이 아니라 사람을 낚는 어부가 되게 하겠다고 하신 것과 통하는 말씀이었다.

결국 우리는 우리의 직업을 통해 사람을 섬긴다. 하나님이 교사로 부르셨으면 학생들에게 집중해야 하듯이 운전하는 일로 부르셨으면 목적지까지 내 차를 타는 그 사람들을 섬겨야 한다. 판매하는 일로 부르셨으면 물건을 구입하는 사람들의 편의와 유익을 위해 최선을 다해야 한다. 이렇게 우리의 인생에 남을 가장 귀중한 유산은 바로 사람이다. 사람에게 관심을 가져야 한다. 물론 우리가 섬길 사람들에게 전도하는 일도 중요하다. 그런데 전도의 소명뿐만 아니라 우리가 일터에서 하는 고유의 직업적인 소명에도 집중해야 한다. 이것이 사람을 우리의 평생 작품으로 만드는 귀한 일터사역이다.

>>> 일하는 사람의 기도

하나님이 주신 사람 세우는 귀한 사명을 잘 감당할 수 있도록 인도해주소서. 사람에게 집중하며 평생 소명을 다할 수 있게 도와주소서.

일터에서 하나님과 함께 일하는가?

022 하나님과 **함께하는** 하루

하나님이 빛을 낮이라 부르시고 어둠을 밤이라 부르시니라 저녁이 되고 아침이 되니 이는 첫째 날이니라. 창세기 1:5. 여호와께서 집을 세우지 아니하시면 세우는 자의 수고가 헛되며 여호와께서 성을 지키지 아니하시면 파수꾼의 깨어 있음이 헛되도다. 너희가 일찍이 일어나고 늦게 누우며 수고의 떡을 먹음이 헛되도다. 그러므로 여호와께서 그의 사랑하시는 자에게는 잠을 주시는도다. 시편 127:1-2

유대인들의 하루 개념은 현대인들과 다르다. 창세기 1장에서 하나님이 세상을 창조하신 일을 기록하며 "저녁이 되고 아침이 되니 이는 첫째 날"이라고 기록한 것이 바로 그 단서다. 유대인들은 해가 지는 시간부터 다음날 해 질 때까지가 하루다. 이런 유대인들의 하루 개념으로 직업인의 하루를 생각해보자.

하루 일과에 대해 감사하면서 퇴근하면 그때부터 하루가 시작된다. 나는 쉬는 것으로 하루를 시작하지만 그 시간에도 하나님은 계속 일하신다. 하나님이 사랑하는 자에게는 편안한 잠을 주시니 불면을 걱정할 필요가 없다. 그리고 다음날 일어나서 하나님이 하신 일을 이어 받아서 하면 된다. 나는 잠들었지만 하나님은 내가 잠들어 있을 때에도 일하신다. 다음날 아침에 일터에 가서 하나님이 지난밤에도 계속 하신 일에 동참해서 일을 한다. 하나님과 동역하는 시간은 참으로 마음 편히 일할 수 있는 때이다. 그렇게 하루 일을 마치고 감사하며 퇴근한다.

반면 현대인들의 일반적인 하루는 이른 새벽에 시작된다. 알람 소리에 놀라 깨어나 출근전쟁을 벌이고 일터로 가서 일을 시작하는데, 일이란 본래 끝이 없다. 퇴근도 못하고 야근을 해도 일이 끝나지 않으니 집에 가서도 할 수 있으면 또 일을 한다. 일에 대한 걱정과 압박감 때문에 편히 잠들기도 힘들다. 다음날 새벽에 또 알람 소리에 놀라 일어나 그런 일상을 반복한다. 과장된 대조가 있지만 결국 유대인의 하루 개념에는 하나님을 신뢰하는 믿음이 담겨 있다. 혼자 일하는 게 아니라 하나님과 함께 일하며 동행하는 삶을 보여준다. 일터에서도 하나님과 함께 일한다는 의식을 분명히 가지면 기쁘고 보람되게 하루를 보낼 수 있다.

>>> 일하는 사람의 기도
시간과 역사를 주관하시는 하나님과 늘 동행하며 살고 일하게 하소서. 제가 주도하며 사는 인생이 아니라 일터에서도 하나님을 의지하는 믿음을 갖게 도와주소서.

023 나로 인해 일터가 복 받는가?

그의 주인이 여호와께서 그와 함께하심을 보며 또 여호와께서 그의 범사에 형통하게 하심을 보았더라. 요셉이 그의 주인에게 은혜를 입어 섬기매 그가 요셉을 가정 총무로 삼고 자기의 소유를 다 그의 손에 위탁하니 그가 요셉에게 자기의 집과 그의 모든 소유물을 주관하게 한 때부터 여호와께서 요셉을 위하여 그 애굽 사람의 집에 복을 내리시므로 여호와의 복이 그의 집과 밭에 있는 모든 소유에 미친지라. 창세기 39:3-5

많은 직업인들이 쉽지 않은 상황에서 일하고 있다. 그래서 사람들은 자기의 일터 환경에 대한 어려움을 종종 토로한다. 상황을 탓하고 사람들을 비난하곤 한다. 직업인이었던 요셉의 상황도 만만치 않았다. 형들에게 팔려 타향에 와서 노예생활을 했다. 또 그의 업무는 애굽 친위대장 보디발 집의 '집안일과 밭일'(5절)이었다. 규모가 꽤 컸을 보디발의 집안 살림을 다 책임졌다는 뜻이다.

또한 주인의 아내까지 젊고 준수한 요셉을 잔뜩 눈독들이고 있었다. 그래서 늘 조심스러웠다. 이런 상황에서 일하는 요셉에게 여호와께서 함께하셨고, 그가 형통한 자가 되었다는 표현을 창세기 기자가 두 번이나 반복하고 있는 것에 주목해야 한다(2-3절).

3절에 보니 보디발이 여호와께서 요셉과 함께하심을 "보았더라"고 한다. 요셉으로 인한 성과와 실적이 객관적인 데이터로 입증되었다는 뜻이다.

그런데 가만히 생각해보자. 브디발의 집은 복 받을 이유가 없었다. 보디발은 살육하며 전쟁하는 사람이었고, 그의 아내는 자기 집 노예를 유혹하는 요망스러운 여인이었다. 그런 그의 집이 복을 받은 이유는 '복덩이' 요셉 때문이었다. 오래 근무해도 별로 정이 들지 않고, 복 받을 만한 구석은 전혀 없어 보이더라도 우리는 우리의 일터가 우리 때문에 복 받는 원인이 되어야 한다. 나 때문에 우리 회사가 복을 받고 있는가? 그러면 세상에서 복이 되는 아브라함의 언약을 우리가 이어가는 것이다(창 12:1-3). 하나님이 오늘 우리 크리스천 직업인들에게 요구하시는 점이 바로 이런 모습이다.

>>> 일하는 사람의 기도
저 때문에 제가 일하는 우리 일터가 복을 받을 수 있기를 원합니다. 일터의 복덩이라는 사실을 입증할 수 있도록 하나님의 사람답게 제대로 일하게 도와주소서.

우리의 일터에
심방 오시는 예수님

> 시몬이 대답하여 이르되 선생님 우리들이 밤이 새도록 수고하였으되 잡은 것이 없지마는 말씀에 의지하여 내가 그물을 내리리이다 하고 그렇게 하니 고기를 잡은 것이 심히 많아 그물이 찢어지는지라. 누가복음 5:5-6

불황 속에서 지친 베드로에게 예수님이 심방을 오셨다. 그의 일터인 바닷가로 직접 찾아오셨다. 이른 아침, 베드로의 일터는 어수선했다. 밤새도록 고기잡이를 하고 돌아온 후여서 그물을 씻고 나면 이내 잠자리에 들어야 했다. 베드로는 피곤했다. 하지만 마음대로 쉴 수가 없었다. 수많은 무리가 해변을 메우고 있었는데, 예수님은 하필 베드로의 배에 오르셨고 배를 육지에서 조금 띄기를 요구하셨다. 그러니 배 주인인 베드로는 배가 흔들리지 않도록 고정시켜야 했다.

밤새 일했지만 잡은 고기가 없어서 더욱 피곤했던 베드로였지만 꼼짝 없이 긴장하며 예수님의 말씀을 들을 수밖에 없었다. 그런데 이것은 예수님이 미리 계획하고 준비하신 일종의 세팅이었다. 이런 일이 우리에게도 필요하다. 피곤한가? 지쳤는가? 그렇더라도 우리의 일터에 심방오신 주님을 외면하지 말자. 억지로라도 말씀을 들을 기회를 만들자. 이 말씀이 우리의 인생을 새롭게 만든다. 말씀을 마치신 후 예수님은 베드로에게 깊은 데로 가서 그물을 던져 고기를 잡으라고 하셨다.

그런데 베드로는 이미 고기가 잡히는 지난 밤 내내 수없이 그물을 던지면서 고기를 잡으려 했지만 한 마리도 못 잡아 헛수고를 한 상태였다. 더구나 갈릴리 바다는 태양이 떠 있는 한낮에는 깊은 물에 물고기가 머물지 않았다. 그렇지만 베드로는 예수님이 하시는 말씀을 듣다 보니 그분이 보통 분이 아니라는 생각이 들었다. 그래서 그 말씀의 권위에 순종하여 깊은 데로 배를 몰아갔다. 한참 노를 저어 가서 깊은 곳에 그물을 내린 베드로는 두 배를 가득 채울 만큼 많은 물고기를 잡았다. 이제 베드로는 고기잡이가 아니라 사람을 낚는 복음 전파의 사명을 받았다. 우리도 일터 현장에서 주님의 말씀에 순종하자.

>>> 일하는 사람의 기도

베드로의 일터에 찾아오신 주님, 오늘 저의 일터에도 찾아와주소서. 주님의 말씀에 순종하며 일하게 하시고, 저의 일을 통해 사람을 얻을 수 있도록 도와주소서.

일터에서도
하나님과 **동행**하라

에녹은 육십오 세에 므두셀라를 낳았고 므두셀라를 낳은 후 삼백 년을
하나님과 동행하며 자녀들을 낳았으며 그는 삼백육십오 세를 살았더
라. 에녹이 하나님과 동행하더니 하나님이 그를 데려가시므로 세상에
있지 아니하였더라. 창세기 5:21-24

에녹이 하나님과 동행했다는 사실을 우리는 잘 알고 있다. 그
렇다면 하나님과 동행하는 것은 어떤 특징이 있을까? 에녹은 기
도원에서 살지 않았다. 타락 이후 가인의 후손들은 하나님이 없
는 세상 문명을 주도했는데, 에녹은 그 문명에서 벗어나 홀로 하
나님과 교제하며 산 것이 아니었다. 성경은 그가 육십오 세에 므
두셀라를 낳았고, 또 그 후에도 자녀를 낳으면서 살았다고 말한
다. 짧은 기록이지만 성경에 따르면 적어도 에녹은 가정생활에
충실하면서 하나님과 동행했다.

하나님과 동행하는 삶의 본질은 이렇게 정상적인 가정생활을
하면서 드러나게 된다. 또한 에녹은 일터에서도 하나님과 동행했
을 것이다. 오늘날 우리의 상황이라면 교회와 여러 공동체와 국

가와 세계에 속한 사람의 의무를 다하면서 하나님과 동행하며 살아가는 것이다. 그렇게 하는 것이 하나님을 기쁘시게 해드리는 일이다.

죽지 않고 하나님이 직접 하늘로 데려가신 에녹의 승천은 오늘날 우리 성도들에게도 예표가 된다. 바로 그리스도의 재림의 때 죽지 않고 하늘로 들려 올라갈 성도들의 그림자라고 할 수 있다(살전 4:17). 이렇게 우리도 세상 속에서 살아가며 하나님 곁으로 불려간다는 소망을 가져야 한다. 우리에게는 사모할 본향이 있는 것이다. 시민권을 하늘에 둔 자로서 구원하시는 예수 그리스도를 기다리는 삶을 살아야 한다(빌 3:20). 또한 크리스천 직업인으로 살아가면서 우리의 일터에서 하나님과 동행하는 삶을 살아가야 한다. 에녹이 그의 가정생활을 하면서 하나님과 동행했던 것처럼 우리도 일하고 살아가면서 하나님과 동행해야 한다.

하나님과 동행하는 삶을 살게 하소서. 교회뿐 아니라 일터나 가정에서도 제가 살아가는 삶의 터전 위에서 하나님과 동행하며 하나님을 기쁘시게 해드릴 수 있게 인도해주소서.

믿음은 좋은데 **직장생활**은 엉망?

그들의 열매로 그들을 알지니 가시나무에서 포도를, 또는 엉겅퀴에서 무화과를 따겠느냐. 이와 같이 좋은 나무마다 아름다운 열매를 맺고 못된 나무가 나쁜 열매를 맺나니. 마태복음 7:16-17

"그 사람, 믿음은 좋은데 직장생활은 영 엉망이야." 혹시 이런 말을 들어봤는가? 하지만 산상수훈의 결론 부분에서 예수님은 삶의 열매가 그 사람의 내면을 반영하는 결과물이라고 말씀하셨다. 쓸모없는 나무에서 쓸 만한 열매가 맺히지 않는다. "좋은 나무마다 아름다운 열매"(17절)를 맺는다. 그러니 우리도 삶 속에서 아름다운 열매를 맺어야 한다. 그렇게 하지 않으면 찍혀 불에 던져진다면서 예수님은 심각하게도 심판을 말씀하셨다(19절). 삶의 열매는 우리 인생에서 매우 중요한 부분이 아닐 수 없다. 그러면 좋은 나무가 되기 위해 어떻게 해야 하는가? 바로 예수님이 산상수훈(마 5-7장)에서 하신 말씀을 행하는 것이다. 그 말씀들을 지키기 위해서 노력하는 사람이 바로 좋은 나무이다.

심지어 예수님은 "나더러 주여 주여 하는 자마다 다 천국에 들어갈 것이 아니요 다만 하늘에 계신 내 아버지의 뜻대로 행하는 자라야 들어가리라"(21절)고 말씀하셨다. 이것은 구원이 행위를 통해 가능하다는 뜻이 아니다. 오히려 구원받은 사람은 바른 행동을 통해 자신의 믿음을 드러낸다는 뜻이다. 우리가 크리스천 직장인으로 살아가면서 우리 삶의 열매에 더욱 관심을 가져야 한다. 직장생활에서 풍성하게 크리스천다운 열매를 맺고 사람들로부터 인정받아서 우리 주님을 기쁘게 해드려야 한다.

성경에는 "행하라"는 말씀이 참 많이 나온다. 산상수훈의 결론 부분에서도 예수님은 말씀을 듣고 행하는 자는 든든한 기초 위에 집을 지은 사람과 같고, 행하지 않는 자는 모래 위에 집을 지은 어리석은 사람과 같다고 비유하셨다. 행함이 우리 삶의 결론이다. 교회 안에서만이 아니라 교회 밖에서도 어떻게 살아야 하는지, 예수님은 오늘도 안타깝게 말씀하신다. "그들의 열매로 그들을 알리라."

> 말씀을 듣고 행하는 자가 되게 하소서. 오늘도 일터에서 하나님의 뜻을 실천하는 삶을 살게 도와주시기 원합니다. 크리스천다운 티를 낼 수 있게 인도해주소서.

광야에서
힘을 얻기 위하여!

궤가 떠날 때에는 모세가 말하되 여호와여 일어나사 주의 대적들을 흩으시고 주를 미워하는 자가 주 앞에서 도망하게 하소서 하였고 궤가 쉴 때에는 말하되 여호와여 이스라엘 종족들에게로 돌아오소서 하였더라.
민수기 10:35-36

인생에 대한 비유가 많이 있지만 이스라엘 백성들의 광야생활 속에서 우리의 인생을 볼 수 있다. 광야에서 이스라엘 백성들은 하나님의 임재를 상징하는 성막을 덮고 있던 구름의 움직임을 따라 이동했다. 구름이 성막 위에 머무르는 날에는 이스라엘 백성들의 진(陳)이 그 자리에 머물렀다. 아침에 구름이 성막 위에서 떠오르면 반드시 이스라엘 백성들은 그 구름을 따라 떠나야 했다. 얼마나 간단한 인생의 법칙인가? 그러나 이것이 얼마나 불안한 삶이었겠는지 생각해보라. 일주일은 고사하고 하루 앞을 계획할 수 없는 '하루살이'의 삶이었다.

이런 '답답한' 광야생활을 감당할 원동력이 모세의 기도 속에 담겨 있다. 모세는 아침에 성막 안에 있던 법궤가 떠날 때에는 기도를 했다. "여호와여 일어나사 주의 대적들을 흩으시고 주를 미워하는 자가 주 앞에서 도망하게 하소서." 하나님이 일어나셔서 원수들과 싸워 달라고 부탁하는 기도이다. 모세는 세상에서 하나님이 친히 대적들을 이기게 도와주시고 인도해달라고 기도했다. 해가 져서 법궤가 성막 안에 머물 때에도 모세는 기도했다. "여호와여 이스라엘 종족들에게로 돌아오소서." 아침과 저녁의 기도 내용을 정리하면 "여호와 하나님이여 영원히 우리와 함께해주소서"였다.

오늘 우리에게도 이런 이스라엘 백성들의 고백이 필요하다. 험한 세상에서 내가 홀로 싸움하는 것이 아니라 하나님이 친히 앞서 가주시고 대신 싸워주시기를 바라는 것이다. 모세의 기도를 보면 이스라엘 백성들과 하나님 간의 친밀함이 느껴진다. 아침에 문안인사를 여쭙고 저녁에 주무실 자리를 봐드리며 인사하는 친숙한 사이이다. 일하면서 하나님이 함께하심을 느끼고 있는가? 그분과 대화하고 있는가?

>>> 일하는 사람의 기도

하나님, 저 홀로 세상을 살아갈 수 없음을 고백합니다. 하나님과 대화하겠습니다. 친밀함을 나누겠습니다. 하나님을 의지하며 세상에서 승리할 수 있게 도와주소서.

크리스천이기에 받는 **고난**

그리스도를 위하여 너희에게 은혜를 주신 것은 다만 그를 믿을 뿐 아니라 또한 그를 위하여 고난도 받게 하려 하심이라. 빌립보서 1:29

일터에서 크리스천으로 살아가며 애매하게 고통을 받거나 어려움을 겪은 경험이 있는가? 왜 이런 어려움을 당해야 하나 억울한 생각이 들기도 했을 것이다. 사실 우리 크리스천들을 향한 하나님의 뜻은 늘 안정되고 편안하며 아무 탈이 없는 상황에서 살게 하는 것만은 아니다. 예수님을 믿으면 복 받아서 아무런 어려움이 없다고 누가 말하던가? 신약성경 메시지의 많은 부분이 예수님을 믿는 제자들에게는 고난이 따른다는 것이다. 누가 성경의 가르침을 왜곡하는가? 시편 34편 19절이 말한다. "의인은 고난이 많으나 여호와께서 그의 모든 고난에서 건지시는도다." 의롭게 살려고 하면 어려움이 많다. 그런데 하나님이 우리를 어려움에서 건져주신다.

좀 불편하고 불안해도 하나님의 인도하심을 확신하면서 나아가는 것이 우리 믿음의 본질이다. 믿을 만한 구석이 없으니 하나님만 의지하는 것이다. 바울도 빌립보교회 성도들에게 그리스도의 은혜로 구원받았는데, 그리스도를 위하여 고난도 받게 한다고 했다. 그리스도의 제자로 세상에서 살아가는 우리 크리스천 직업인들에게 고난은 필수라고 할 수 있다. 그러니 고난이 있어도 이상하게 생각할 것 없이 직면해야 한다. 물론 우리 크리스천들이 세상에서 겪는 고난은 죄로 인해 벌을 받는 고통과는 달라야 한다. 세상 사람들과는 다르게 경건하게 살려는 우리 크리스천의 독특한 정체성 때문에 핍박받아야 떳떳한 고통이다. 우리 자신이 잘못해서 받는 고통은 피하지 말고 감당해야 하는 것은 당연하다.

분명한 사실은 우리가 일터에서 크리스천이기에 당하는 고난에는 반드시 의미가 있다는 것이다. 그 의미를 잘 깨달으면서 주님의 고난을 본으로 삼아 침묵정진하는 삶을 산다면 고난 후의 기쁨을 맛볼 수 있다. 또한 죽음 후에 얻는 천국상급과 영광을 체험할 수 있을 것이다. 피할 길을 주시는 주님을 의지하며 노력하자.

고난받을 때 고난받는 이유를 분명히 깨닫게 하소서. 고난 그 자체만이 아니라 그 이후에 어떻게 어려움을 제대로 극복할지 잘 판단하고 행동하게 도와주소서.

029

하나님이 원하시는
직장생활

내가 무엇을 가지고 여호와 앞에 나아가며 높으신 하나님께 경배할까… 여호와께서 천천의 숫양이나 만만의 강물 같은 기름을 기뻐하실까… 내 영혼의 죄로 말미암아 내 몸의 열매를 드릴까… 여호와께서 네게 구하시는 것은 오직 정의를 행하며 인자를 사랑하며 겸손하게 네 하나님과 함께 행하는 것이 아니냐. 미가 6:6-8

우리는 인생을 살아가면서 우리의 무엇을 가지고 하나님 앞에 나아갈 것인가? 선지자 미가는 도전적인 질문을 던지고 있다. 무엇을 가지고 여호와 앞에 나아갈지, 심지어 자기의 죄를 사하기 위해 자식을 바쳐야 할지를 질문한다. 마치 이스라엘 백성들이 오랜 세월 동안 하나님에게 진심으로 드려왔던 모든 제사제도를 부정하는 것처럼 보일 정도로 강한 메시지다. 이런 메시지를 전하는 선지자 미가의 의도는 분명하다. 하나님께서 이스라엘 백성들에게 원하시는 것은 마음에도 없이 드리는 제사의 제물이 아니라는 것이다.

오히려 하나님이 원하시는 것을 세 가지로 정리하고 있다. 첫째는 정의를 행하는 것이다. 하나님은 공의로우신 분이다. 정의의 근원이 바로 하나님이시다. 우리는 하나님의 자녀로서 하나님의 정의를 배워야 한다. 둘째는 인자(仁慈)를 사랑하는 것이다. 하나님이 내게 베풀어주신 그 사랑과 자비를 기억하여 사람들을 사랑하고 섬기며 자비를 베풀어야 한다. 셋째는 겸손하게 하나님과 함께 행하는 것이다. 무엇을 얼마나 드리는 것이 문제가 아니라 세상을 살아가면서 어떤 자세로 사는지, 누구와 동행하는지 그것이 문제라는 것이다.

오늘날에도 사람들은 하나님이 원하시는 것에 대해 고민한다. 그래서 내가 돈을 얼마나 가지고 하나님 앞에 가야 만족하실지 질문한다. 얼마나 높은 지위와 명예를 가져다드려야 할지 고민한다. 그러면서 하나님이 진정으로 원하시는 것에는 별로 관심이 없다. 이것이 잘못이다. 하나님의 속성을 닮고 하나님이 요구하시는 삶을 살아야 한다. 정의를 행하고 인자를 사랑하며 겸손히 하나님과 함께 행하는 것이다. 이것이 하나님이 원하시는 직장생활이다.

>>> 일하는 사람의 기도

제가 소유한 것을 하나님이 기뻐하시는 것이 아닙니다. 어떤 존재가 되어 하나님이 기뻐하시는 선한 삶을 살 것인지 고민하며 오늘 하루도 일하게 인도해주소서.

인생
: 홍해, 수르, 마라, 엘림

모세가 홍해에서 이스라엘을 인도하매 그들이 나와서 수르 광야로 들어가서 거기서 사흘길을 걸었으나 물을 얻지 못하고 마라에 이르렀더니 그곳 물이 써서 마시지 못하겠으므로 그 이름을 마라라 하였더라. 그들이 엘림에 이르니 거기에 물 샘 열둘과 종려나무 일흔 그루가 있는지라. 거기서 그들이 그 물 곁에 장막을 치니라. 출애굽기 15:22-23,27

이스라엘 백성들이 애굽을 탈출한 이후에 갔던 네 곳의 지명 속에 우리의 인생이 상징적으로 담겨 있다. 첫째는 '홍해'이다. 앞에는 넘실거리는 홍해, 뒤에는 분노한 애굽군이 추격해오는 진퇴양난 속에서 백성들이 구원을 받았다. 크리스천은 이런 감격적인 '홍해'를 경험한 사람들이다. 그런데 홍해를 건넌 후 이스라엘 백성들이 곧바로 맞닥뜨린 곳이 '수르' ('벽'이라는 뜻) 광야였다. 애굽 사람들이 중동 지역의 팔레스타인 사람들과 동방 종족들의 외침을 막기 위해 세워놓은 방어용 장벽들이 우뚝 솟아 있었고, 사흘 길을 가도 물을 얻을 수 없었다. 구원받은 후에도 여전한 고통의 수르 광야가 있는 현실이 바로 우리의 인생길을 보여준다.

사흘째 되는 날, 이스라엘 백성들이 도착한 곳 '마라'에 물이 있었다. 하지만 그곳의 물은 썼다. 마시면 구역질이 나고 갈증이 더 심해졌다. 그러자 이스라엘 백성들은 원망을 쏟아놓았다. 우리도 인생에서 문제가 해결되지 않는다면 모세에게 배워야 한다. 모세가 하나님에게 부르짖자 하나님은 한 나무를 지시하셨고, 그 나무를 모세가 던지자 쓴 물이 달아졌다. 이렇게 모세처럼 부르짖어야 문제가 해결된다. 그래야 하나님의 놀라운 치유의 은혜를 얻을 수 있다.

그리고 백성들이 '엘림'에 도착했다. 그곳에는 물 샘 열두 개와 종려나무 칠십 그루가 있었다. 충분하고 완전하게 쉴 수 있는 곳이 준비되어 있는 곳에 이스라엘 백성들이 이르렀다. 우리의 인생이 치열하지만 늘 그런 것만은 아니다. 엘림에서는 쉬어야 한다. 엘림에서 하나님이 주시는 은혜를 누리며 쉴 수 있다. 이런 인생의 과정을 반복하다가 우리가 갈 천국에서 엘림을 다시 누리게 될 것이다.

하나님, 제 인생의 모든 과정이 이스라엘 백성들의 광야길과 같음을 배우도록 도와주소서. 강벽이 있고 어려움이 있어도 하나님께 기도하며 나아가게 도와주소서.

능력 사회 속의
공동체 의식

다윗이 이르되 나의 형제들아 여호와께서 우리를 보호하시고 우리를 치러 온 그 군대를 우리 손에 넘기셨은즉…. 전장에 내려갔던 자의 분깃이나 소유물 곁에 머물렀던 자의 분깃이 동일할지니 같이 분배할 것이니라 하고. 사무엘상 30:23-24

우리는 평생직업 시대를 살고 있다. 이 말은 내가 지금 일하고 있는 일터가 평생직장이 아닐 가능성이 많다는 뜻이기도 하다. 연봉제가 대세인 상황에서 함께 일하는 동료들의 연봉을 잘 모르기도 한다. 일을 할 때도 팀제가 일반화되고 개인주의가 확대됨에 따라 점점 '공동체 의식'이 사라지고 있는 것이 현실이다. 이런 시대에 '일터 공동체'를 이야기하면 너무나 어색하고 고리타분한 것인가?

다윗이 블레셋 땅 시글락 성에 머물 때의 일이다. 아말렉 족속의 침입을 받아 가족들이 사로잡혀가고 노략질을 당했다. 다윗은 지체 없이 그들을 추격했다. 그런데 승전하고 돌아올 때 "악한 자와 불량배들"(22절)이라고 표현되는 몇 사람이 불만을 제기한다.

추격전을 벌일 때 피곤하여 함께 추격하지 못하고 머물렀던 200명의 동료들에게는 가족만 돌려주고 전리품은 나누어주지 말자는 주장이었다. 그러나 다윗은 남아 있던 200명에게도 전리품을 나누어줘야만 하는 이유를 설명했다. 피곤해서 가족을 구하는 전투에 참전하지 못한 사람들도 역시 '형제'이고, 수많은 적들을 죽이는 과정에서 전사자가 없는 하나님의 '은혜' 때문이었다.

이것이 바로 능력 사회 속에서도 우리가 추구해야 할 공동체 의식의 근거이다. 다윗의 심정을 한 번 생각해보라. 위기를 극복하고 크게 승리하여 흩어졌던 마음을 하나로 모을 수 있는 때에 공동체 의식을 그르치려고 했던 그 '트러블 메이커'들이 마음에 들지 않았을 것이다. 그러나 다윗은 그들에게도 여전히 "나의 형제들"이라고 부르기를 주저하지 않았다(23절). 이것이 바로 다윗이 보여준 공동체 의식이다. 다윗은 문제를 일으키는 그 사람들마저 마음에 품고 있었다. 우리도 일터에서 이런 공동체 의식을 가질 수 있도록 기도하며 노력하자.

>>> 일하는 사람의 기도
능력이 우선시되고 실적이 모든 것을 말해주는 일터이지만 사람들을 포기하지 말고 한 배를 탄 공동체라는 사실을 알리는 메신저가 되도록 인도해주소서.

일과 여가,
교회 - 가정 - 직장의 조화

워라밸은
하나님의 명령

안식일을 기억하여 거룩하게 지키라. 엿새 동안은 힘써 네 모든 일을 행할 것이나 일곱째 날은 네 하나님 여호와의 안식일인즉 너나 네 아들이나 네 딸이나 네 남종이나 네 여종이나 네 가축이나 네 문안에 머무는 객이라도 아무 일도 하지 말라. 이는 엿새 동안에 나 여호와가 하늘과 땅과 바다와 그 가운데 모든 것을 만들고 일곱째 날에 쉬었음이라. 그러므로 나 여호와가 안식일을 복되게 하여 그날을 거룩하게 하였느니라. 출애굽기 20:8-11

한자의 '바쁠 망'(忙)자를 한 번 생각해보라. '마음 심'(心) 변에 '죽을 망'(亡)의 합성어이다. 이 표현대로라면 바쁜 것은 마음이 죽는 것이다. 몸은 나중에 죽어도 일단 마음이 먼저 죽는다. 그러니 바쁘게 열심히 일하기만 하는 게 능사가 아니다. 쉼이 필요하다. 일하는 크리스천들은 십계명의 4계명을 "일과 여가의 균형을 이루어 안식하라"고 적용할 수 있다.

그런데 하나님은 4계명에서 휴식만을 명령하시지 않고 엿새 동안 힘써 모든 일을 하라고 먼저 명령하신다. 일과 여가의 균형을 강조하신다(9절). 이렇게 힘써 일하는 것이 안식의 전제가 되는 이유는 하나님이 창조 사역을 하신 후에 안식하신 원리와 비교해보면 이해가 된다. 창세기 2장에서 하나님의 창조를 언급할 때 하나님은 세상의 창조를 6일 만에 다 마치신 후에 모든 일에서 손을 놓고 쉬셨다. 그 안식하는 날을 복되게 하시고 거룩하게 하셨다(창 2:1-3).

한 신학자는 십계명의 다른 계명들보다 제4계명이 가장 길고 구체적인 적용까지 상세하게 기록된 것은 이 계명이 매우 중요하기 때문이라고 했다. 안식은 우리가 선택할 사항이 아니라 꼭 지켜야 할 계명이다. 천지창조 후에 보여주신 하나님의 안식의 모범을 따라 반드시 여가를 가져야 한다. 이것을 무시하는 것은 제2계명에서 다룬 일중독이고, 하나님을 향해서 우상 숭배를 하는 죄이기도 하다. 우리의 일은 여가를 통해 완성된다는 사실을 꼭 명심하면서 일과 여가의 균형을 이루도록 하자. 요즘 노동 시간을 줄이고 사람다운 삶을 살자고 강조하는 우리 사회의 '워라밸'(Work and Life Balance) 운동은 이미 십계명에 반영된 하나님의 뜻이다.

>>> 일하는 사람의 기도

일과 여가의 균형이 참 중요합니다. 제대로 일하고 잘 쉬면서 우리의 일이 바람직한 사명이 될 수 있도록 도와주소서.

하나님이 기뻐하시는
주일성수

안식일을 기억하여 거룩하게 지키라. 출애굽기 20:8

크리스천들의 트레이드마크라고 할 수 있는 주일성수를 통해서도 우리의 정체성을 드러내야 한다. 특히 일터 환경에서 겪는 몇 가지 상황 속에서 대안을 찾아야 한다. 먼저 평소에는 주일에 예배드리고 쉬는 데 문제가 없지만 간혹 주일에 출근을 해야 하는 경우, 동료와 근무를 바꿀 수 있다면 그 방법을 최대한 모색해야 한다. 휴일에 쉬고 싶은 심정은 누구나 마찬가지일 테니 상대방의 입장을 배려하면서 부탁할 수 있어야 한다. 철도 공무원으로 일하던 분들의 간증을 들으니 주일 근무를 대신해주는 보상으로 설날과 추석 등 연휴의 근무를 아예 도맡기도 했다고 한다.

그런 여건도 쉽지 않아서 부득이 주일에 일해야 하는 상황이 생길 수 있다. 물론 이른 시간이나 밤에 예배에 참석하거나 혹은 낮 시간에라도 양해를 구해서 가까운 교회의 예배에 참석하려는 노력이 필요한 것은 당연하다. 이런 주일성수 문제가 생길 때 결연한 자세로 '순교'만 결심한다면 우리는 주도적인 역할을 하면서 우리의 일터를 변화시키는 사명을 다하기가 쉽지 않다. 주일 정오 무렵에 열리는 결혼식에 비즈니스 관계상 가야 하는 것도 쉽지 않은 문제이다. 그저 부조만 보내거나 일찍 드리는 예배 후에 결혼식에 참석하는 것은 소극적인 대안일 뿐이다. 그 사람과의 관계만이 아니라 우리 크리스천들이 주일 예배를 중요하게 여긴다는 사실도 알려줄 수 있어야 한다. 그래서 주중에 미리 찾아가서 축하해주는 방법이 적극적인 대안이 될 수 있다.

그렇다면 주일에도 꼭 일을 해야 하는 공익 직종이나 서비스업에는 크리스천들이 진출하지 말아야 하는가? 만약 그렇다면 그 분야의 일터는 누가 변화시키고, 누가 그곳에 하나님의 나라를 세우겠는가? 그런데 무턱대고 아예 주일 예배를 드리기 힘든 직장에 가서는 안 된다. 훈련받아 준비된 크리스천들이 선교사 마인드와 영성으로 준비해서 가야 한다. 교회가 해외 선교사를 파송하고 후원하듯이 주일성수가 힘든 직업분야에 일터 선교사들을 파송하고 세워줄 수 있어야 한다. 이것이 적극적인 주일성수이다.

>>> 일하는 사람의 기도

바람직한 주일성수로 일터에서 크리스천의 정체를 드러내어야 하겠습니다. 쉼 없이 돌아가는 24시간, 365일 사회 속에서 예배와 안식이라는 중요한 가치를 잘 실천할 수 있는 대안을 모색할 수 있게 지혜를 주소서.

퇴근의 **목적**이
있는가?

다윗이 번제와 화목제 드리기를 마치고 여호와의 이름으로 백성에게 축복하고 이에 뭇 백성은 각각 그 집으로 돌아가고 다윗도 자기 집을 위하여 축복하려고 돌아갔더라. 역대상 16:2,43

직업을 가진 사람들은 대부분 날마다 퇴근을 한다. 그런데 퇴근하는 이유를 생각해 보았는가? 다윗 왕은 하나님의 언약궤를 오벧에돔의 집에서 예루살렘으로 메고 오는 중요한 일을 잘 마쳤다. 다윗은 번제와 화목제를 드리고 백성들을 축복하며 선물을 주고 돌려보냈다. 그렇게 백성들을 다 돌려보내고 나서 다윗은 자신도 집으로 돌아갔다. 그런데 역대기를 기록한 사람은 다윗이 집으로 돌아간 목적이 있었다고 기록한다. 바로 가족들을 축복하기 위해 퇴근했다고 말한다.

한 유통회사에서 사목으로 섬기는 목사님에게 들었는데, 늘 밤 10시가 넘어서 퇴근하는 한 직원이 와서 이렇게 말했다고 한다. "저는 퇴근하기 전에 집에 가서 아이들과 놀아줄 수 있는 힘을 달라고 하나님께 기도합니다." 무슨 이야기인가 물어보니 참 안타까운 기도 제목이었다. 아침에 일찍 출근해서 그날 매장 열기 전에 준비해야 할 것들부터 챙기며 온종일 분주하게 일하다가 매장을 마감하고 정리한 후 집에 돌아가면 몸이 너무 힘들다는 것이다. 그저 쓰러져 잤으면 좋겠다는 생각뿐이라고 한다. 그런데 아이들이 하나도 안 졸린 눈을 동그랗게 뜨고서 12시가 다 되어 퇴근한 아빠에게 놀아달라고 한다는 것이다.

그런 안타까운 기도를 하며 아이들과 놀아주기 위해 노력하는 그 형제는 다윗을 닮은 멋진 아빠가 틀림없다. 퇴근을 하는 것은 그저 일을 하다가 힘이 드니 쉬러 가는 것이지, 퇴근에 무슨 목적이 있느냐고 말하지 말아야 한다. 그저 집에 들어가서 잠만 자고 나오는 '하숙생'으로 사는 것이 절대 자랑이 아니다. 일이 너무 많아서 바쁘고 힘이 들며 퇴근 시간이 늦더라도 우리는 퇴근의 목적을 분명히 가지고 있어야 한다.

>>> 일하는 사람의 기도

퇴근 후에도 가족들을 위한 '사역'의 시간이 남아 있음을 기억하겠습니다. 가족을 위한 일 역시 제 인생에서 중요한 부분임을 늘 기억하게 하소서.

가족 돌보기를 결코 포기하지 마라

다윗이 거기서 모압 미스베로 가서 모압 왕에게 이르되 하나님이 나를 위하여 어떻게 하실지를 내가 알기까지 나의 부모가 나와서 당신들과 함께 있게 하기를 청하나이다 하고 부모를 인도하여 모압 왕 앞에 나아 갔더니 그들은 다윗이 요새에 있을 동안에 모압 왕과 함께 있었더라.
사무엘상 22:3-4

사울 왕의 위협을 피해 아둘람 굴로 피신했던 다윗을 찾아오는 사람들이 많아졌다. 그러자 은신처가 노출되어 위험해진 다윗은 안전을 위해 모압으로 떠났다. 그런데 다윗은 모압 왕에게 가서 부모님이 궁궐에 머물 수 있도록 부탁했다. 자신은 요새에서 따르는 사람들과 함께 있어도 좋으나 부모님만은 모압 왕과 함께 있을 수 있게 해달라고 부탁한다. 다윗 왕이 이렇게 부모님을 귀하게 여기는 모습을 보면서 우리는 중요한 사실 하나를 깨닫는다. 다윗은 힘든 여건에서도 부모님을 부양하는 책임을 절대 포기하지 않았다. 가족을 사랑하는 멋진 모습을 보여주고 있다.

다윗의 이 모습은 바쁜 직업인들이 자신의 가정에 어떻게 충실

해야 하는지 잘 보여준다. 직장 일이 바쁘다는 이유로 가족에 대한 책임을 다하지 않고, 가족들의 희생을 강요하는 사람은 하나님이 기뻐하시는 사람은 아니다. 사도 바울이 말한다. "누구든지 자기 친족 특히 자기 가족을 돌보지 아니하면 믿음을 배반한 자요 불신자보다 더 악한 자니라"(딤전 5:8).

직장인들이 가장으로서, 가족의 구성원으로서 자신이 해야 할 의무를 다하는 것은 너무도 중요한 일이다. 가족을 제쳐두고 거두는 성공은 성공이 아니다. 성공에서 소외된 가족들의 가치가 한 사람이 이루는 성공의 가치보다 훨씬 크다. 크리스천 직업인에게 있어서 가정생활은 잘하면 좋고 못해도 할 수 없는 것이 아니라 꼭 잘해야만 하는 귀한 사명이다. 때로 나의 직업적인 목표를 조금 낮추더라도 가족에 대한 배려와 관심은 포기할 수 없다. 우리가 이 두 가지를 동시에 잘 감당해야 하기 때문이다. 우리의 모습을 다윗에 비추어 돌아볼 수 있기를 바란다.

>>> 일하는 사람의 기도

일이 바쁘고 힘들어서 몰입하고 특별히 노력해야 하는 때가 많습니다. 그렇더라도 가족을 희생시키지 않을 수 있는 용기와 지혜를 주소서.

먹고 자고
먹고 자고…

로뎀 나무 아래에 누워 자더니 천사가 그를 어루만지며 그에게 이르되 일어나서 먹으라 하는지라. 본즉 머리맡에 숯불에 구운 떡과 한 병 물이 있더라. 이에 먹고 마시고 다시 누웠더니 여호와의 천사가 또다시 와서 어루만지며 이르되 일어나 먹으라. 네가 갈 길을 다 가지 못할까 하노라 하는지라. 이에 일어나 먹고 마시고 그 음식물의 힘을 의지하여 사십 주 사십 야를 가서 하나님의 산 호렙에 이르니라. 열왕기상 19:5-8

지친 직장인들은 잠드는 줄도 모르게 잠시 누웠다가 다음날 깨어본 경험이 있을 것이다. 격무에 시달리고 스트레스가 많은 직장인들은 이렇게 탈진하기도 하는데, 당신은 이럴 때 어떻게 피로를 푸는가? 선지자 엘리야도 그렇게 힘들었다. 엘리야는 스트레스를 받을 만한 일이 참 많았다. 3년이라는 긴 기간 동안 가뭄을 겪으면서 그 재앙의 원인이 그에게 있다고 비난받았다. 어렵사리 성사된 갈멜 산의 대결에서 850명의 이방 선지자들과 맞서 하나님의 위대하심을 증거했다. 그러나 상황은 변하지 않았고, 이세벨은 오히려 엘리야를 잡아 죽이려고 독기를 품었다.

그래서 엘리야는 지쳤다. 이세벨 왕비의 칼을 피해 도망하여 국경을 넘었고, 남유다 왕국도 지나 광야로 도망쳤다. 너무나 지쳐 로뎀 나무 아래에서 잠들어버렸다. 그때 천사가 나타나 엘리야를 어루만졌다. 깨어 일어난 엘리야에게 구운 떡과 물을 마시게 했다. 엘리야가 그것을 먹고 다시 잠들었다. 그러자 천사가 또 와서 엘리야를 어루만졌고, 또 떡과 물을 먹였다. 이게 바로 '먹고 자고 먹고 자고' 아닌가? 지친 직장인의 이런 '로망'을 엘리야가 경험하고 있다. 그 음식의 힘을 의지해서 엘리야는 호렙 산으로 갔고, 하나님의 새로운 인도하심을 받았다.

우리도 때로 이렇게 충전할 필요가 있다. 한 번 푹 쉬어 보는 기회를 가져라. 아무 때나, 혹은 너무 자주 이렇게 먹고 자고 먹고 자는 재충전의 비법을 꺼낼 수는 없지만 때로 꼭 필요하고 유용한 방법이 아닐 수 없다. 엘리야에게 배우는 휴식과 충전의 방법으로 영과 육신에 여유를 좀 가져보기 바란다.

그리스도 안에서 참된 휴식을 누릴 수 있기 원합니다. 피곤해서 쉬는 것이 아니라 일하기 위해, 인생의 길을 제대로 가기 위해 제대로 쉬게 도와주소서.

스트레스를 **극복**하게 하소서

> 우리가 사방으로 우겨쌈을 당하여도 싸이지 아니하며 답답한 일을 당하여도 낙심하지 아니하며 …거꾸러뜨림을 당하여도 망하지 아니하고 우리가 항상 예수의 죽음을 몸에 짊어짐은 예수의 생명이 또한 우리 몸에 나타나게 하려 함이라. 고린도후서 4:8-10

당신은 스트레스가 없었으면 좋겠다고 생각할 수 있다. 하지만 스트레스는 사람의 삶에서 꼭 필요하다. 인류가 발전해 온 것은 좋은 스트레스(Eustress) 덕분이었다. 하나님이 다른 피조물들에게는 주지 않은 일의 사명을 사람에게만 주셨는데, 사실은 '유스트레스' 였다. 스트레스가 있어야 적당히 긴장해서 효과적으로 일하고 성과를 낼 수 있다. 긍정적인 스트레스가 부정적으로 변하게 된 것은 인간의 죄악 때문이었다. 죄를 지었을 때 하나님은 땅에서 가시와 엉겅퀴가 자라게 하시고, 인간이 평생 수고해야 그 열매를 먹게 하셨다(창 3:17-19).

이렇게 나쁜 스트레스(Distress)를 우리가 일하면서도 겪는다. 일하는 과정에서 심신의 고통이 따르고, 일터의 구조적인 압박으로 인해 스트레스를 받으며, 경쟁에 시달린다. 또한 목표와 현실 사이의 괴리감 때문에 고통스럽고, 반복되는 일로 인해 권태가 찾아온다. 이런 '디스트레스'는 어떻게 해결할 수 있을까? 그리스도의 구속 외에는 궁극적인 해결책이 없다. 바울은 구체적으로 "예수의 죽음을 몸에 짊어짐"이라고 정의했다. 예수님을 믿는다고 해서 스트레스받는 일이 생기지 않는다는 뜻이 아니다. 예수님이 우리 안에 있을 때 세상의 어떤 것도 줄 수 없는 평안과 기쁨과 안정을 주신다. 그런데 사방으로 우겨쌈을 당하고 답답한 일도 계속된다.

예수님이 재림하신 후에 우리는 스트레스가 없는 세상을 보게 될 것이다. 이 세상을 살아갈 때는 늘 스트레스를 겪는 게 당연하다는 뜻이다. 누구나 겪는 것이니 대충 넘어가려 하지 말고 영적인 문제로 인식해야 한다. 스트레스를 인정하고 바람직한 방법으로 해소하려고 노력해야 하겠다. 예수님으로 인해 일단 마음의 평안을 얻고 스트레스를 해소할 수 있는 나름의 방법들을 실천해 보는 것이다.

제 안에 계신 예수 그리스도로 인한 마음의 평안으로 스트레스를 이겨낼 힘을 얻게 도와주소서. 건전한 방법들을 통해 스트레스를 적극적으로 해소하게 도와주소서.

일과 **안식**의 의미를 이해하기

두 손에 가득하고 수고하며 바람을 잡는 것보다 한 손에만 가득하고 평온함이 더 나으니라. 내가 또다시 해 아래에서 헛된 것을 보았도다. 어떤 사람은 아들도 없고 형제도 없이 홀로 있으나 그의 모든 수고에는 끝이 없도다. 또 비록 그의 눈은 부요를 족하게 여기지 아니하면서 이르기를 내가 누구를 위하여는 이같이 수고하고 나를 위하여는 행복을 누리지 못하게 하는가 하여도 이것도 헛되어 불행한 노고로다. 전도서 4:6-8

인터넷에서 야근에 대해 토론하는 사이트에 들어가 봤다. "야근 안 하고 어떻게 직장생활 하느냐?"라는 반응도 있고, "야근 해봐야 전기세나 많이 들고 화장실 물 값만 아깝다"라는 무용론도 있었다. 하지만 우리 일터에서 일이 점점 더 많아지고 있는 것은 분명해 보인다. 가족들을 위해서 일하고 희생한다고 하지만 배우자와 이야기 한 번 제대로 하기 힘들고, 자녀들이 어떻게 생활하고 있는지 모르는 직장인들이 많다. 그러다가 일중독에 빠지는 것이다.

현대 사회만 그런 것이 아니라 솔로몬이 살던 때에도 그랬다. 끊임없는 일 때문에 고통받는 사람들을 보면서 솔로몬은 그 모든 것이 헛되다고 탄식했다. 지금 우리도 솔로몬의 심정이 되어보지만 뾰족한 대안이 없다. 일중독은 삶의 의미를 빼앗아간다. 하나님은 하나님이 창조하시던 모든 일에서 손을 떼고 쉬셨다. 세상을 창조하신 일의 완성으로써 안식을 인류게게 주신 것이다(창 2:1-3). 참다운 안식의 이해가 일의 의미를 회복하게 한다.

안식을 이해하는 것은 일하는 목적에 대한 이해와 크게 다르지 않다. 하나님은 십계명의 네 번째 계명에서 안식일에는 일을 하지 말고 쉬라고 하셨다(출 20:8-11). 수는 것은 물리적으로 일을 하지 않는 것만이 아니라 내가 일하지 않아도 하나님은 계속 일하실 것을 믿는 신앙의 고백이다. 따라서 안식을 제대로 이해하면 일의 의미를 재발견한다. 안식은 삶의 막간이 아니라 삶의 절정이기 때문이다. 하나님과 함께 일하듯이 우리는 하나님과 함께 안식하는 것이다.

>>> 일하는 사람의 기도

하나님이 주신 부요를 눈에 족하게 여기지 않으면서 목적 없는 인생을 살지 않게 하소서. 일을 통해 참다운 안식을 얻어 하나님을 기쁘시게 할 수 있게 도와주소서.

목수, 목자, 목사이신
예수님

> 수고하고 무거운 짐 진 자들아 다 내게로 오라. 내가 너희를 쉬게 하리라. 나는 마음이 온유하고 겸손하니 나의 멍에를 메고 내게 배우라. 그리하면 너희 마음이 쉼을 얻으리니 이는 내 멍에는 쉽고 내 짐은 가벼움이라 하시니라. 마태복음 11:28-30

2천 년 전에 이 땅에 내려와 인간의 삶을 사셨던 하나님의 아들 예수님은 어린 시절을 거쳐 나이 서른이 될 때까지 목수로 일하셨다. 가업을 이은 것이었고, 당시 사람들에게도 그렇게 알려졌다(막 6:3). 세상 속에서 살아가며 노동을 경험해 본 예수님이 오늘 '목수'로서 우리에게 "나의 멍에를 메고 내게 배우라"고 말씀하신다. 실제로 멍에를 직접 만들어보신 분이 "내 멍에는 쉽고 내 짐은 가볍다"고 하시면서 우리 인생의 짐을 해결할 수 있는 구체적인 방안을 제시하신다.

오늘 수고하고 무거운 짐 진 자들을 오게 해서 쉬게 하겠다고 말씀하시는 예수님의 모습을 보면(28절) 마치 다윗이 노래했던 시편 23편이 연상된다. "여호와는 나의 목자시니 내게 부족함이 없으리로다. 그가 나를 푸른 풀밭에 누이시며 쉴 만한 물 가로 인도하시는도다"(시 23:1-2). 예수님이야말로 콘크리트 밀림 속에서 참된 안식을 유보한 채 살아가는 우리에게 푸른 풀밭을 제공해주실 수 있는 분이다. 양들은 전적으로 목자를 의지하는 습성을 가지고 있다. 우리도 목자이신 예수 그리스도를 삶 속에서 전적으로 의존할 때 참된 안식을 누릴 수 있다. 예수 그리스도는 우리의 '목자'이시다.

예수님의 또 다른 모습은 '목사' 예수이다. 목회자의 역할은 여러 가지가 있지만 하나님의 말씀을 가르치는 것이 중요하다. 구약시대에 제사장들도 제사와 더불어 율법을 가르치는 일이 중요한 임무였다. 예수님은 "내게 배우라"고 하신다(29절). 예수님은 마음이 온유하고 겸손하시기에 우리에게 진정한 쉼에 대해 가르쳐주신다. 나를 위해 고난당하고 죽임당하신 예수님에게 참된 쉼과 안식을 배우자. 목수이고 목자이고 목사이신 예수님이 우리의 짐을 덜어주고 평안으로 인도하신다.

>>> 일하는 사람의 기도

일과 관련된 모든 짐을 예수님에게 와서 풀어놓습니다. 세상에서 무거운 짐을 지고 홀로 고민하지 않게 하소서. 주님으로부터 참된 안식을 얻게 도와주소서.

어떤 **취미**를 가지고 있는가?

> 그가 잠언 삼천 가지를 말하였고 그의 노래는 천다섯 편이며 그가 또 초목에 대하여 말하되 레바논의 백향목으로부터 담에 나는 우슬초까지 하고 그가 또 짐승과 새와 기어다니는 것과 물고기에 대하여 말한지라. 사람들이 솔로몬의 지혜를 들으러 왔으니 이는 그의 지혜의 소문을 들은 천하 모든 왕들이 보낸 자들이더라. 열왕기상 4:32-34

당신은 어떤 취미를 가지고 있는가? 예전에는 학교에서 가정 환경조사와 같은 조사가 있었는데, '취미' 란이 늘 있었다. 나는 주로 '독서' '음악감상' 이라고 적었는데, 놀라운 것은 많은 아이들이 나와 취미가 같았다는 것이다. 당시 온 국민의 공통취미가 그 두 가지라는 우스갯소리도 들었다. 목회자들 중에 독특한 취미를 가진 분들이 있다. 20세기의 걸출한 신학자였던 존 스토트 목사는 새에 대한 관심이 많아 「새, 우리들의 선생님」이라는 책도 냈다. 사진 찍는 취미를 가지고 수상집을 낸 목회자도 있다.

이런 취미가 우리 인생에서 참 유용하다. 솔로몬은 지혜로 유명한 사람인데, 그가 지은 3천 개나 되는 잠언 외에도 일천 다섯

곡의 노래가 있고, 그 외에도 초목을 논했다고 한다. 짐승과 새와 기어 다니는 것과 물고기도 논했다고 한다. 이 말씀을 읽으면서 우리집 아이들에게 이야기했다. "솔로몬은 문학, 음악, 과학을 열심히 공부했으니 너희도 이런 공부들을 열심히 해라." 솔로몬의 이런 자연에 대한 관심사는 아버지 다윗의 감수성을 물려받은 것일 텐데 취미생활에 해당한다고 볼 수 있다.

혹시 취미생활은 사치라고 생각하는가? 바쁜 직장일에 찌들려 변변한 취미생활 하나도 제대로 가지고 있지 못하는가? 그런데 바쁠수록 취미생활을 통해 공급받고 새 힘을 얻을 수 있어야 한다. 우선 취미생활을 잘하면 일로 인한 스트레스를 해소할 수 있다. 또한 취미를 마니아 수준으로 잘하다 보면 자기 직업분야의 돌파구를 열거나 멋진 아이디어를 발견할 수도 있다. 특히 일을 하는 사람들은 같은 취미를 통해 공감대를 형성하고 친해질 수 있는 실용적인 유익도 있다. 하나님은 우리의 취미생활을 통해서도 귀한 기회들을 만들어 가신다.

취미생활도 주께 하듯이 하게 하소서. 일을 할 때나 여가를 즐길 때에나 늘 최선을 다하는 삶을 살 수 있기를 원합니다.

당신 때문에 직장생활이 행복합니다

모든 사람과
화목하기 위하여

아무에게도 악을 악으로 갚지 말고 모든 사람 앞에서 선한 일을 도모하라. 할 수 있거든 너희로서는 모든 사람과 더불어 화목하라. 로마서 12:17-18

"할 수 있거든 너희로서는 모든 사람과 더불어 화목하라." 로마서 12장 18절은 인간관계에 대해서 명쾌하고 분명한 원리를 지적한다. 이 말씀을 좋아하고 말씀대로 살아가려고 노력하는 사람들이 있다. 그런데 혹시 이 구절을 보면서 이런 마음이 들 수도 있다. '역시 하나님은 인간의 연약함을 잘 알고 계셔. 할 수 있거든 화목하라고 하셨으니 나는 할 수 없어!' 나는 할 수 없으니 모든 사람과 사이좋게 지낼 수 없다고 생각해서 이 구절과 자신은 관계없다고 생각하면 안 된다.

여기서 "할 수 있거든"이라는 표현은 그 사람의 친화력이나 좋은 관계를 가지려는 의지의 여부를 말하는 것이 아니다. 크리스천으로서 세상에서 정체성을 유지하며 살아가다 보면 '할 수 없는 일'이 있다. 문맥을 보면 바울은 핍박하는 자를 위해 축복하고 친히 원수를 갚지 말라고 한다. 원수 갚는 일은 하나님의 진노하심에 맡기고 복수하지 말라고 한다. 바울은 이런 문제들과 맞닥뜨리면서 크리스천들이 세상에서 살 때 윤리나 문화적인 갈등으로 인해 동조할 수 없는 정체성의 위기가 있다고 전제한다. 그런 문제가 아니라면 모든 사람과 화목한 관계를 유지하라는 뜻이다.

그런데 사람들과 부대끼며 생활하다 보면 상대하기 싫은 사람도 있지 않은가? 정말 악한 마음을 가지고 나를 해코지하려는 사람이 있을 수도 있고, 원수를 갚고 싶은 마음이 들 때가 있다. 그때 어떻게 처신해야 하는가? 사도 바울이 로마교회 성도들에게 인간관계 속에서 성도들이 가져야 할 '소극적' 행동 지침을 설명하는 것으로도 볼 수 있다. 적극적으로 사랑해야 하지만 불가피한 경우 껄끄러운 사람들과도 갈등이 생기지 않도록 최대한 노력하는 것이다. 그때도 기도하면서 그 사람과 좋은 관계를 맺기 위해서 노력하는 것이다. 그러면 결국 악에게 지지 않고 선으로 악을 이기는 크리스천다운 관계의 비법을 실천하는 것이고, 까다로운 관계문제를 해결할 지혜도 얻을 수 있을 것이다.

>>> 일하는 사람의 기도

크리스천답게 호의를 베풀어줄 수 있는 아량을 주소서. 모든 사람과 화목하기 위해서 구체적인 노력을 기울이는 하나님의 사람이 되게 도와주소서.

일터에서 갚는
사랑의 빚

피차 사랑의 빚 외에는 아무에게든지 아무 빚도 지지 말라. 남을 사랑하는 자는 율법을 다 이루었느니라. 간음하지 말라, 살인하지 말라, 도둑질하지 말라, 탐내지 말라 한 것과 그 외에 다른 계명이 있을지라도 네 이웃을 네 자신과 같이 사랑하라 하신 그 말씀 가운데 다 들었느니라. 사랑은 이웃에게 악을 행하지 아니하나니 그러므로 사랑은 율법의 완성이니라. 로마서 13:8-10

사도 바울이 말한 '사랑의 빚'에 대해 로마교회 성도들은 어떤 느낌을 받았을까? 오늘 우리 시대 사람들은 '빚'이라고 하면 느낌이 분명하게 온다. 많은 사람들이 빚을 지고 있다. 개인의 가계 대출이나 학자금 대출뿐만 아니라 기업도 대출을 많이 받아서 사업을 한다. 그런데 대출을 받기만 하면 모든 문제가 다 해결되는 것도 아니다. 바울은 이렇게 남의 돈을 빌려서 빚을 지지 말라고 권면한다. 당시에도 이런 부채 문제가 있었던 것을 알 수 있다. 여기서 우리는 바울이 비유를 통해 전달하려는 채무의 부담이라는 느낌을 통해 사랑의 빚을 이해해야 한다. 바울은 다른 빚은 지지 말고 사랑의 빚만을 지며 살아가라고 권면한다. 사람들을 사랑하는 것은 율법을 다 이룬 것이라고 말한다.

그러면 우리는 일터에서 이런 사랑의 빚을 주고받는 삶을 어떻게 살아갈 수 있을까? 한 기업의 임원이 어려움을 겪고 있는 부하 직원이 야근을 할 때 다가가 이렇게 말했다. "사랑하는 김 차장, 나는 김 차장이 고민하는 그 문제를 충분히 해결해낼 줄 믿고 있어요." 그분은 고민하는 아랫사람에게 사랑한다는 마음을 표현했다. 그런데 직장에서는 흔히 듣지 못할 표현으로 위로했다. "사랑하는"이라는 형용사를 일터에서 동료들의 이름과 직함 앞에 붙여서 부를 수 있다면 얼마나 좋을까?

직접 그렇게 말하지는 못하더라도 그런 마음을 담아낼 수 있다면 그야말로 사랑의 빚을 주고받는 아름다운 관계가 될 것이다. 이 사랑의 빚은 구원과 밀접하게 연관되어 있기에 그렇다. 우리가 예수 그리스도의 보혈로 하나님에게 사랑의 빚을 진 것과 같이 우리 이웃에게도 사랑의 빚을 갚을 의무가 있다.

>>> 일하는 사람의 기도

세상 어떤 곳보다 더욱 사랑이 필요한 곳이 바로 우리 일터입니다. 제가 일하는 부서도 마찬가지입니다. 사랑의 빚을 갚아 사람들을 세워줄 수 있도록 인도해주소서.

행복한 윗사람, 나아만

> 그의 종들이 나아와서 말하여 이르되 내 아버지여 선지자가 당신에게 큰일을 행하라 말하였더면 행하지 아니하였으리이까. 하물며 당신에게 이르기를 씻어 깨끗하게 하라 함이리이까 하니 나아만이 이에 내려가서 하나님의 사람의 말대로 요단강에 일곱 번 몸을 잠그니 그의 살이 어린아이의 살같이 회복되어 깨끗하게 되었더라. 열왕기하 5:13-14

성경에 나오는 인물들 중에 가장 행복한 윗사람을 꼽으라면 아람의 군대장관이었던 나아만이라 말하고 싶다. 나아만이 행복했던 비결은 무엇이었을까? 우선 나아만 장군은 직업적인 성공만으로 행복할 수 없음을 알고 있었다. 아람의 왕이 총애하는 사람으로 전쟁에서도 승리했지만 한센병 환자였기에 행복하지는 못했다. 나아만 장군의 불치 피부병을 고쳐주는 용한 의사는 없었다. 그런데 불행하기만 한 것은 아니었다.

나아만 장군에게 관심을 가져주는 사람들로 인해 행복했다. 이스라엘과 전쟁할 때 포로로 잡아온 여종이 이스라엘의 선지자에게 가면 한센병을 고칠 수 있다는 제안을 했다. 또한 부하들의 제안이 나아만을 행복하게 만들었다. 선지자 엘리사가 요단강에 가서 일곱 번 목욕을 하라고 하자 나아만은 화를 내며 돌아가려고 했다. 이때 부하들이 제안했다. 그 내용은 단순하다. 화가 난 윗사람 나아만 장군이 생각하기 힘든 문제였다. 만약 선지자가 힘든 일을 요구해도 하겠다는 결심으로 어려운 걸음을 했는데, 목욕하는 쉽고 단순한 일이라면 한 번 해보자는 것이었다. 윗사람은 화가 나서 생각하지 못해도 아랫사람은 이렇게 판단하고 조언할 수 있는 조직은 건강하고 미래가 밝다.

여기서 이 종들이 나아만 장군을 가리켜 "내 아버지여!"라고 부른 것에 주목해야 한다. 몸이 아픈 윗사람이 병을 치료하러 왔다가 화가 나서 제대로 판단하지 못하고 일을 그르치려 했는데, 그 윗사람을 감싸 안으려고 존칭과 애칭으로 "내 아버지여!"라고 호칭하지 않았을까? 이렇게 제안해주는 아랫사람이 있었기에 나아만 장군은 행복한 윗사람이었다. 당신도 윗사람에게 이 사람들처럼 적절한 제안을 잘하고 있는가?

무엇이 문제인지 잘 발견하고 좋은 제안을 하기 위해 노력하겠습니다. 사랑에 근거한 제안을 통해 치유받고, 행복한 일터의 삶을 살아갈 수 있도록 도와주소서.

까다로운 상사를 대하는 방법

사환들아 범사에 두려워함으로 주인들에게 순종하되 선하고 관용하는 자들에게만 아니라 또한 까다로운 자들에게도 그리하라. 이를 위하여 너희가 부르심을 받았으니 그리스도도 너희를 위하여 고난을 받으사 너희에게 본을 끼쳐 그 자취를 따라오게 하려 하셨느니라. 베드로전서 2:18,21

직업인들의 고민을 듣다 보면 인간관계 문제가 절반을 넘고, 그중에 절반 이상은 윗사람과 어려움을 겪는 경우인 것 같다. 아랫사람들이 느끼는 윗사람을 한마디로 정리하면 '까다로운 상사'라고 할 수 있다. 당신의 윗사람들은 어떤가? 윗사람들은 아무리 좋은 분이어도 부담스럽기 마련이다. 그런 사람이 윗사람이다. 대부분의 직장인들에게 있어서 윗사람은 대하기가 어려운 존재이다. 초대 교회의 노예 성도들이 섬겼던 윗사람들도 그랬다. 베드로는 분명하게 교훈한다. 상전들 중에서 너그러운 사람에게만 순종하는 것이 아니라 까다로운 사람들에게도 순종하라고.

사도 베드로의 이 권면은 상당히 파격적이었다. 그저 윗사람은 윗사람이니 까다로운 상사에게 순종하라고 강요하는 게 아니다. 애매하게 고난을 받더라도 예수님께서 죄 없이 고난받고 죽임당하신 것처럼 기꺼이 윗사람과의 관계를 감당해야 한다는 것이다(21절). 그러니 우리가 윗사람에게 고난받으면서 아랫사람의 역할을 잘 감당하면 예수님이 십자가에서 애매하게 고난받고 죽임당하신 그 희생을 본받는 것이다.

그렇다면 우리가 까다로운 상사에게 순종하기 위해서는 어떻게 해야 하는가? 가장 좋은 방법 하나를 소개하겠다. 그 상사를 위해서 기도하는 것이다. 감정의 골이 깊어서 기도하기가 쉽지 않을 수도 있다. 윗사람을 생각하면 마음도 아프고 화도 나니까 말이다. 그래도 마음을 추스르고 윗사람을 위해 기도하다 보면 고민하는 문제가 조금씩 풀리는 것을 경험할 수 있다. 까다로운 상사를 섬기며 우리는 예수님이 이유 없이 고난당하고 죽임당하신 바로 그 심정을 경험할 수 있다. 복잡한 일터의 상하관계를 너무 단순화했다는 반감을 좀 눌러두고 한 번 기도해보자.

윗사람을 위해서 기도합니다. 그의 일과 삶의 모든 것을 주님이 살펴주시고 필요한 것을 공급하시며 친히 인도자가 되어주소서. 저와의 관계도 선하게 인도하소서.

표정 살피기의
관계 미학

> 아닥사스다 왕 제이십년 니산월에 왕 앞에 포도주가 있기로 내가 그 포도주를 왕에게 드렸는데 이전에는 내가 왕 앞에서 수심이 없었더니 왕이 내게 이르시되 네가 병이 없거늘 어찌하여 얼굴에 수심이 있느냐. 이는 필연 네 마음에 근심이 있음이로다 하더라. 그때에 내가 크게 두려워하여 왕에게 아뢰되… 나를 유다 땅 나의 조상들의 묘실이 있는 성읍에 보내어 그 성을 건축하게 하옵소서 하였는데. 느헤미야 2:1-2,5

한 기업에서 "직장 상사가 어떤 때에 마음에 드는가?"라는 질문으로 설문조사를 했더니 1위는 "업무를 자상하게 챙겨주고 배려해줄 때"였고, "부하의 능력을 인정해줄 때"가 2위였다. 일터의 바람직한 상하관계는 많은 부분이 일과 연관된 것을 알 수 있는데, 페르시아의 아닥사스다 왕과 술 관원이 된 느헤미야 간의 관계를 통해서도 확인할 수 있다. 느헤미야가 왕의 앞에서 얼굴에 근심하는 표정을 지었다고 한다. 왕을 모시는 측근 신하로서 큰 실수를 저지른 것이다. 그러나 평소에 느헤미야는 윗사람인 아닥사스다 왕을 최선을 다해 섬겼고, 중요한 사실은 왕이 아랫사람의 얼굴빛까지 살피면서 관심을 보였다는 점이다. 정말 멋진 상사의 모습이 아닌가?

물론 아랫사람들은 윗사람들에게 자상한 관심을 기대하기만 할 것이 아니라 자신의 일을 잘 감당할 수 있어야 한다. 윗사람의 입장에서 볼 때 일을 잘하는 아랫사람은 고맙기 마련이다. 한편 윗사람들은 일만을 가지고 아랫사람들을 평가하지 말아야 한다. 삶의 전반에 대해서 관심을 가져주고 어려움을 돌봐줄 수 있어야 한다. 아닥사스다 왕은 아랫사람 느헤미야의 근심하는 표정을 보고 그의 출신 민족의 일(물론 그것도 제국의 일이긴 하지만)을 할 수 있도록 배려했다.

어려운 결정을 내려준 왕에게 보답하기 위해 느헤미야는 왕의 곁을 잠시 떠나야 하는 상황에 대한 왕의 걱정도 미리 파악하며 자신이 돌아올 기한을 정하며 궁궐 밖 '파견근무'를 허락받았다. 아닥사스다 왕이 일하면서 아랫사람의 표정을 살피며 보여준 관심과 사랑이 이런 멋진 결과를 낳았다.

>>> 일하는 사람의 기도

아랫사람을 잘 보살피게 하소서. 또한 윗사람에게 최선을 다해 일하고 있음을 입증해 보일 수 있게 하소서. 일터에서 상하관계를 제대로 세워가도록 도와주소서.

046 일터에서 나누는 **참다운 우정**

내 형 요나단이여 내가 그대를 애통함은 그대는 내게 심히 아름다움이라. 그대가 나를 사랑함이 기이하여 여인의 사랑보다 더하였도다. 사무엘하 1:26. 아나니아가 떠나 그 집에 들어가서 그에게 안수하여 이르되 형제 사울아 주 곧 네가 오는 길에서 나타나셨던 예수께서 나를 보내어 너로 다시 보게 하시고 성령으로 충만하게 하신다 하니. 사도행전 9:17

전에 직장인들과 한 달에 한 번씩 토론하는 모임에서 '직장인의 우정'을 주제로 이야기를 나눈 적이 있다. 이야기를 진행해야 하는데 진척이 되지 못하고 멈추어서 오랫동안 토론을 했다. "직장 안에 과연 우정이 있는가?"라는 첫 번째 질문에서 멈추어 설왕설래했다. 몇 사람은 상당히 회의적이었다. 이익을 내는 공통의 목표가 있긴 하지만 서로 경쟁하는 상황이기에 마음을 터놓을 수 있는 친구를 직장 안에서 갖는 것은 어렵다는 의견이었다. 일터의 우정은 쉽지 않은 것이 사실이다.

성경 속에서 우정을 말할 때 대표적으로 언급되는 사람들은 다윗과 요나단이다. 요나단은 이스라엘의 초대 왕 사울의 큰아들이었고, 다윗은 차기 왕으로 기름부음 받았다는 소문이 나도는 요주의 인물이었다. 당연한 갈등관계였지만 이 둘은 서로를 사랑하는 멋진 우정을 보여주었다. 요나단의 죽음을 애도하는 다윗은 요나단이 자신을 사랑함이 여인의 사랑보다 더했다고 노래했다. 다윗과 요나단의 우정은 오늘날로 보면 일터에서 만난 사람들 간의 우정이라고 볼 수 있다.

또한 신약성경에서도 바울과 아나니아의 관계에서 일터의 우정을 생각할 수 있다. 기독교인들을 박해하던 현장에서 예수님을 만나고 난 사울이 앞도 못 보게 되어 한 곳에 은거하고 있었다. 그때 하나님이 선지자 아나니아를 사울에게 보냈는데, 아나니아는 사울을 만나서 "형제 사울아"라고 부르며 사울을 크리스천 공동체에 받아들였다. 당신은 일터에서 이런 우정을 나누는 친구가 있는가? 먼저 다가가는 것이 중요하다. 다윗에게 요나단이 손을 내밀었고, 사울에게 아나니아가 다가갔다. 희생과 헌신으로 먼저 다가가야 일터에서 아름다운 우정을 얻을 수 있다.

> **〉〉〉 일하는 사람의 기도**
> 직장 안에서도 우정을 가질 수 있기를 원합니다. 주님이 도와주소서. 제가 먼저 동료들에게 다가가는 노력으로 진정한 우정을 얻을 수 있게 인도해주소서.

함께 일하는 사람들의
입장을 **배려**하라

내가 모든 사람에게서 자유로우나 스스로 모든 사람에게 종이 된 것은 더 많은 사람을 얻고자 함이라. 약한 자들에게 내가 약한 자와 같이 된 것은 약한 자들을 얻고자 함이요 내가 여러 사람에게 여러 모습이 된 것은 아무쪼록 몇 사람이라도 구원하고자 함이니. 고린도전서 9:19,22

사람들이 함께 살아가는 곳에서는 어디서나 갈등이 생긴다. 그것은 하나도 이상할 것이 없다. 바울이 선교하는 과정에서도 이런 문제가 생겼다. 바울은 전도할 때 상대방이 이방인인가, 유대인인가에 따라 다른 전도 전략을 구사했다. 복음을 전하면서 복음의 본질은 훼손하지 않았지만 복음을 담는 그릇을 상대방에 따라서 달리 적용한 것이다. 전도의 상황과 전략에 대한 바울의 교훈이지만 우리의 일터 속 인간관계의 측면으로도 생각해볼 수 있다.

직장에서 대인관계나 고객과의 관계에서도 사람들이 저마다 다르다는 것을 이해하면 상대방의 입장을 조금은 더 배려할 수 있다. 회사 내의 역할이나 위치의 차이를 인정하고 상대방을 이해하게 되면 그 사람이 얼마나 쉽지 않은 상황 속에 있는지 배려할 수 있다. 입장을 바꿔놓고 생각하는 것이다. 이 역지사지(易地思之)의 정신이 갈등을 피하는 방법을 알려준다.

사람들이 살아가면서 가장 견디기 힘든 것은 인격적인 모욕을 당하는 일이다. 산상수훈에서 우리 주 예수님은 말로 다른 사람의 인격을 무시하거나 모욕하는 일을 살인에 준하는 행위로 여기셨다(마 5:22). 지위나 맡은 역할의 중요도는 다를지라도 사람들은 모두 하나님의 형상으로 창조된 존재임을 기억해야 한다. 우리는 일터에서 아랫사람의 인격을 무시하는 말이나 행동을 하지 않도록 조심해야 한다. 윗사람을 향해서도 마찬가지다. 뒤에서 마음껏 욕할 수 있는 존재라고 쉽게 생각하지 말고 윗사람의 인격과 입장을 배려할 수 있어야 하겠다. 이것이 바로 바울이 모든 사람에게 종이 되고 몇 사람이라도 구원하려고 여러 입장이 된 모습을 배우는 것이다.

>>> 일하는 사람의 기도

사소한 일부터 함께 일하는 동료들의 입장을 배려할 수 있는 친절한 사람이 될 수 있도록 노력하겠습니다. 그래서 우리 일터가 변화되게 도와주소서.

경청하여
하나님의 의를 이루라

내 사랑하는 형제들아 너희가 알지니 사람마다 듣기는 속히 하고 말하기는 더디 하며 성내기도 더디 하라. 사람이 성내는 것이 하나님의 의를 이루지 못함이라. 야고보서 1:19-20

일터에서 우리는 의사소통에 관한 어려움을 거의 공통적으로 경험한다. 윗사람은 윗사람대로, 아랫사람은 아랫사람대로, 또한 고객들과 상대할 때도 소통의 어려움을 자주 경험한다. 어떻게 하면 대화를 잘하고 소통을 잘할 수 있을까? 해답은 경청이다. 다른 사람의 말에 귀를 기울이는 것은 중요하다. 경청은 그 사람을 인정하는 것이다. 우리가 일터에서 윗사람이 하는 이야기에 귀를 기울이고 메모하는 것은 윗사람에 대한 예의이다. 반대로 윗사람이 아랫사람들의 말에 귀를 기울이는 경청도 꼭 필요하다. 그런데 나이가 들어가고 직급이 올라가면서 윗사람들은 점차 아랫사람들의 말에 귀를 기울이지 않게 된다. 윗사람이 아랫사람의 말에 귀를 기울이는 것은 아랫사람을 인격적으로 대우하는 것임을 기억하자.

사도 야고보가 성내는 문제를 언급하는데, 사람들은 왜 화를 내고 인간관계에 어려움을 초래하는가? 듣기를 제대로 못하기 때문인 경우가 많다. 듣기를 잘하려고 노력하면 관계의 문제가 해결될 수 있다고 야고보는 말한다. 물론 들어준다고 해서 들은 이야기에 다 동의할 필요는 없다. 그러나 아예 듣지 않고 무시하는 것과는 다르다. 잘 듣고 판단하여 거절하면 상대방은 무시당하는 기분을 느끼지 않는다.

거래나 계약을 할 때도 상대방의 말에 귀를 기울여야 한다. 사람들이 많이 하는 실수는 상대방의 이야기를 분명히 듣지 않고 대충 듣는 바람에 손해를 보는 경우라고 한다. 그래서 대화를 할 때 자기가 말하는 양과 듣는 양을 조정하면서 말을 하는 것도 좋은 방법이다. 듣기보다 말한 것이 많다고 판단이 되면 의도적으로 말하기를 억제하고 상대방의 말을 듣는 시간을 더 확보하는 것이다. 기계적으로 하기는 힘들지만 유념하면 도움이 될 것이다. 듣기를 먼저 하라는 경청의 원리를 실천해보자.

>>> 일하는 사람의 기도

사람들의 말에 주의를 기울일 수 있게 도와주소서. 잘 들으면 화낼 일도 적어지고 관계도 제대로 정립된다는 사실을 깨닫게 하시고 실천할 수 있는 힘을 주소서.

화를 **참아내는** 방법을 배우라

노하기를 더디하는 자는 용사보다 낫고 자기의 마음을 다스리는 자는 성을 빼앗는 자보다 나으니라. 잠언 16:32. 인내를 온전히 이루라. 이는 너희로 온전하고 구비하여 조금도 부족함이 없게 하려 함이라. 야고보서 1:4

손자병법 〈구변〉편에서 장수가 실패하는 원인 중 하나로 '조급하게 화를 내면 후회한다'고 밝히고 있다. 성급하고 경솔한 성격의 장수는 모욕을 당하면 경거망동하고 스스로 무덤을 판다고 지적한다. 우리가 일하는 일터에서도 이런 경우를 쉽게 경험할 수 있다. 순간적으로 감정을 폭발시키면 관계에서 어려움을 겪고, 조직에서 요주의 인물이 된다. 리더이거나 책임 있는 사람이 감정을 이기지 못하고 충동적으로 행동하면 조직이 망가지고 아랫사람들에게도 화가 미친다.

'인내'는 사람에 대해서 오래 참는 것, 관용하고 마음을 넓히는 것이다. 잠언 저자는 화를 자주 내지 않고 조절할 수 있는 사람이 결국 승리한다고 말한다. 또한 야고보는 인내를 통해 사람의 성숙도를 알 수 있다고 한다. 우리는 어떻게 하면 화를 억제하고 더욱 성숙한 삶을 살 수 있을까? 그러기 위해서는 마음을 다스려야 한다. 자기의 마음을 다스리는 사람은 성을 점령한 사람보다 낫다고 잠언 저자는 말한다. 결국 이렇게 마음을 다스리기 위해 용서하는 마음이 필요하다.

용서하기 위해서는 구체적으로 인내를 실천할 수 있어야 한다. 그렇다면 어떻게 해야 할까? 첫째는 잠깐 멈추는 것이다. 러시아의 대문호 도스토예프스키는 부인과 말싸움이 벌어지면 혀끝을 입 안 깊숙이 말아 열 번을 굴려서 마음을 안정시켰다고 한다. 잠시 여유를 갖는 '타임아웃'을 사용하는 것이다. 둘째는 갈등이 생긴 이유를 알아내기 위해 다시 한 번 점검해보는 것이다. 오해가 있었을 수도 있으니 의사소통이 필요하다. 그러니 일단 참고 한 번 더 물어보는 방법이 효과적이다. 이렇게 인내를 실천하면 인격도 성숙하지만 우리 일터에서 일을 제대로 할 수 있는 기회도 제공된다. 지혜롭게 잘 참아내도록 하자.

>>> 일하는 사람의 기도

하나님, 참아낼 수 있도록 주님이 제 마음을 주장하여 주시기 원합니다. 저는 부족해서 수시로 넘어집니다. 주님이 인도해주소서.

성령 충만한 직업인의 열매

오직 성령의 열매는 사랑과 희락과 화평과 오래 참음과 자비와 양선과 충성과 온유와 절제니 이같은 것을 금지할 법이 없느니라. 갈라디아서 5:22-23

직업을 가지고 일하는 크리스천 직업인들은 일터에서 성령 충만해야 한다. 바울은 술 취하지 말고 성령 충만을 받아야 한다고 강조한다(엡 5:18). 술에 취해 술의 지배를 받지 말고, 성령에 취해 성령의 지배를 받는 삶을 살아야 한다고 강조한다.

그러면 성령 충만한 성도는 어떤 삶을 살아가야 하는가? 성령의 열매를 맺어야 한다. 바울은 에베소서 5장 19절 이하에서 교회와 가정과 일터에서 성령의 지배를 받는 삶을 살라고 제시한다. 그런 삶이 구체적으로 어떤 모습인지 갈라디아서 5장에 나오는 성령의 열매를 통해 확인해 볼 수 있다.

성령의 열매는 "사랑과 희락과 화평과 오래 참음과 자비와 양선과 충성과 온유와 절제"이다. 성령 충만한 직업인은 일터에서 바로 이런 성령의 열매를 맺어야 한다. 성령을 의지하고 순종하면 우리도 이 어려운 일을 해낼 수 있다. 함께 일하는 사람들에게 따뜻한 말을 건네고, 사람들에게 관심을 보이는 것은 사랑의 열매이다. 이런 사랑을 일터에서 실천할 수 있다면 우리의 일터는 분명히 달라질 것이다. 자신에게 힘든 일이 있더라도 성령이 충만한 사람은 기쁨과 즐거운 미소로 사람들을 대한다. 희락의 열매이다.

화평의 성품을 보여줄 때 우리는 피스메이커가 될 수 있다. 중재자의 역할을 할 수 있다. 성령 충만하면 분노를 절제할 수 있게된다. 그러면 그 오래 참음의 열매 덕분에 주변 사람들이 감탄할 수 있다. 자비를 베풀어서 하나님이 주신 재물과 인생의 자원들을 나누고 양선, 착한 성품을 드러내는 일을 주님이 기뻐하신다. 관계에서 신실한 사람만이 보일 수 있는 충성과 겸손하고 부드러운 온유, 좌로나 우로나 치우치지 않고 절제하는 여러 미덕을 통해 우리는 일터를 변화시킬 수 있다. 우리가 성령의 충만함을 받아서 하나님과 친밀해지면 우리의 변화로 인해 일터가 달라질 것이다.

>>> 일하는 사람의 기도
제가 일하는 곳이 성령의 열매를 맺어야 할 곳입니다. 제가 일터의 관계 속에서 성령의 열매들을 충실하게 맺을 수 있도록 도와주소서.

당신의 하나님을
사람들에게 보여라

세상을 향한 배짱, **믿음**!

주의 종이 사자와 곰도 쳤은즉 살아 계시는 하나님의 군대를 모욕한 이 할례받지 않은 블레셋 사람이리이까. 그가 그 짐승의 하나와 같이 되리이다. 사무엘상 17:36

치유상담 사역자인 정태기 박사의 강의 중에 미국에서 사냥개들이 호랑이를 나무 위로 몰아붙여 주인이 총을 쏘아 떨어뜨린 이야기를 들을 수 있었다. 사냥개들의 심리를 분석해 보니 지난 5년 동안 주인과 함께 나간 사냥에서 목표물을 발견하면 잡지 못한 짐승이 없을 정도로 자신감을 가졌다는 것이다. 커다란 호랑이를 보니 덩치가 좀 크고 무늬가 징그럽긴 하지만 주인과 함께라면 충분히 이길 수 있다 생각하고 겁 없이 마구 몰아붙여서 결국 호랑이를 나무 위로 몰아갈 수 있었다.

다윗이 골리앗과 맞서 싸우던 심정이 바로 이 사냥개들의 심리와 비슷하지 않은가? 다윗은 배짱이 대단했다. 하나님을 너무도 사랑했기에 세상에 무서운 게 없었다. 목동으로 양을 칠 때 하나님이 함께해주셔서 곰과 사자와도 맞서 싸워 이긴 내공이 자신에게 있다며 고백한다. 다윗은 골리앗을 "하나님을 모욕하는 할례 못 받은 블레셋 녀석"이라면서 하나님의 분노로 무장했고, 하나님이 지금까지 자신과 함께하셨던 것과 같이 함께해주신다면 충분히 이길 수 있다고 확신하면서 골리앗과 맞섰다.

다윗이 골리앗을 양떼에서 새끼를 잡아채가던 짐승들과 같이 본 것처럼 우리도 세상의 속성을 바르게 이해해야 한다. 어쩌면 우리는 세상을 너무 과대평가하기에 세상을 제대로 파악하지 못하고 있을 수도 있다. 세상을 과소평가해서 큰코다치는 것도 문제이지만 과대평가해서 힘도 써보지 못하는 것은 더욱 큰 문제이다. 세상의 힘은 강하다. 우리 힘으로 골리앗과 같은 세상과 맞서 싸우다가는 질 확률이 높다. 그러나 우리와 함께하시는 하나님의 능력을 의지하면 다윗과 같이 세상과 제대로 맞설 수 있다. '배짱 믿음'으로 용기를 내어 세상에서 하나님의 이름을 높이 드러내자.

세상이 두렵지만 하나님이 함께하시면 충분히 이길 수 있다는 다윗의 배짱 믿음으로 세상과 맞서게 하소서. 다윗에게 주셨던 용기로 무장하게 도와주소서.

052 일터에서도 하나님을 **인정**하라

하나님이 이 모든 말씀으로 말씀하여 이르시되 나는 너를 애굽 땅, 종 되었던 집에서 인도하여 낸 네 하나님 여호와니라. 너는 나 외에는 다른 신들을 네게 두지 말라. 출애굽기 20:1-3

출애굽기 20장에는 하나님이 인류를 향해서 주신 십계명이 기록되어 있다. 하나님을 사랑하고 이웃을 사랑하라는 두 가지 계명이 온 율법과 선지자의 강령이라고 예수님이 요약하셨듯(마 22:36-40) 어느 시대에나 우리 성도들이 지켜야 할 계명이다. 이 십계명을 일터의 관점으로도 적용해 볼 수 있다. 십계명의 첫 번째 계명도 일하는 사람들에게 꼭 필요한 교훈을 준다.

크리스천들은 보통 하나님 외에 다른 신들을 섬기지 않는다고 자부한다. 그러나 교회에서는 하나님과 동행하는 것 같다가 일터에서는 하나님과 멀리 떨어져 있는 것처럼 행동한다면 1계명을 제대로 지키는 것일까? 십계명의 1계명은 "너는 나 외에는 다른 신들을 네게 두지 말라"는 것이다. 일하는 사람들은 "일터에서도 하나님을 하나님으로 인정하라"고 적용할 수 있다. 십계명의 서론에 해당하는 1~2절에서 하나님은 이스라엘 백성들의 구원주라는 사실을 강조하신다. 애굽에서 놀라운 구원으로 이스라엘 백성들을 이끄셨던 하나님이 우리도 역시 구원해주셨다. 그 하나님의 주(主) 되심이 선포되어야 할 곳들 중에 일터가 빠져서는 절대 안 된다.

시편 24편 1절에서 시편 기자는 "땅과 거기에 충만한 것과 세계와 그 가운데에 사는 자들은 다 여호와의 것"이라 고백했다. 오늘 우리가 하는 일이나 우리의 일터가 하나님과 무관하다고 생각한다면 그것은 하나님 앞에서 다른 신을 섬기는 것과 크게 다를 바가 없는 것이다. 그런 의미에서 십계명의 첫 계명은 성경적인 직업관의 교훈으로 적용할 수 있다. 일터에서도 하나님을 하나님으로 인정하는 사람은 뭔가 다른 삶의 태도를 갖는다. 오늘 우리가 일하면서 이런 일터 십계명의 첫 계명을 적용해 볼 수 있기를 바란다. 하나님을 주인으로 모신 사람은 일터에서 하는 일이 곧 하나님의 일이라는 사실을 분명히 알고 있다. 그래서 자신의 일을 주님에게 하듯이 한다(골 3:23).

>>> 일하는 사람의 기도

온 우주를 창조하시고 운행하시는 하나님, 저의 일터도 하나님이 친히 주관하시는 영역입니다. 이곳에서 제가 일하면서 하나님을 하나님으로 인정하게 인도해주소서.

세상과는 다른
크리스천 스피릿

그러나 내 종 갈렙은 그 마음이 그들과 달라서 나를 온전히 따랐은즉 그가 갔던 땅으로 내가 그를 인도하여 들이리니 그의 자손이 그 땅을 차지하리라. 민수기 14:24

애굽을 탈출한 이스라엘 백성들이 가데스 바네아에 도착했다. 열두 명의 정탐꾼들이 가나안 땅을 돌아본 후 돌아와 보고할 때 열 명의 보고와 두 명의 보고가 달랐다. 가나안 사람들 앞에서는 '메뚜기'에 불과하다고 보고한 열 명이 있는 반면 여호수아와 갈렙은 하나님이 함께하시면 그들은 '먹이'라고 보고했다(민 13:33, 14:9). 다수의 생각에 동의하지 않았던 두 사람은 과연 어떤 스피릿을 가지고 있었을까?

사실 여호수아와 갈렙도 다른 열 명의 동료들과 함께 40일 간이나 돌아다니면서 가나안 땅을 샅샅이 살펴봤다. 그러나 두 사람은 열 명과 다른 안목으로 가나안 땅을 바라봤다. 그 이유를 묵상하는데, 일목요연(一目瞭然)이라는 사자성어가 생각났다. 한 눈으로만 봐도 분명하고 자연스러울 정도로 당연하다는 뜻이다.

열 명은 두 눈을 다 뜨고 가나안 땅을 봤기 때문에 두려웠고, 그것이 문제였다. 여리고 성은 경사지에 이중으로 성벽을 건설한 요새였다. 가나안 땅에는 아낙 자손이라는 거인 족이 살고 있었다. 그 땅의 소산은 풍성해서 포도송이를 두 사람이 메고 올 정도였다. 그 모든 것을 열 명의 정탐꾼들은 두 눈을 다 뜨고 보니 두려웠던 것이다. 그렇다면 다른 두 명은 어떻게 바라본 것일까?

여호수아와 갈렙은 한쪽 눈만으로 가나안을 봤을 것이라고 생각한다. 한쪽 눈만으로 봐도 세상을 샅샅이 볼 수 있다. 그러면 다른 한 눈으로는 무엇을 바라보았는가? 하나님의 약속과 능력을 바라본 것이다. 하나님이 이미 그 땅을 주기로 약속하셨으니 하나님만 믿으면 가나안 사람들을 충분히 이길 수 있다고 두 사람은 외쳤다. 이렇게 뭔가 다른 정신을 가지고 있던 여호수아와 갈렙은 결국 그들이 활동했던 그 '땅'을 차지할 수 있었다. 우리도 하나님의 능력을 의지하는 크리스천 스피릿으로 무장하면 우리가 일하는 직업 영역과 일의 성과들을 선물로 얻을 수 있다.

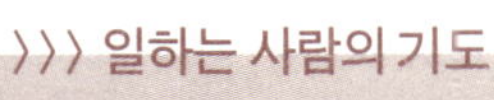

세상 속에 살지만 세상을 두려워하지 말고 하나님의 능력과 약속을 의지하게 하소서. 여호수아와 갈렙이 보여준 크리스천다운 스피릿으로 무장하고 일하며 살아가게 도와주소서.

054 당신의 하나님을 사람들에게 보이라

다니엘이 왕에게 아뢰되 왕이여 원하건대 왕은 만수무강 하옵소서. 나의 하나님이 이미 그의 천사를 보내어 사자들의 입을 봉하셨으므로 사자들이 나를 상해하지 못하였사오니 이는 나의 무죄함이 그 앞에 명백함이오며 또 왕이여 나는 왕에게도 해를 끼치지 아니하였나이다 하니라. 다니엘 6:21-22

다니엘의 삶이 우리 크리스천 직업인들에게 특히 인상적인 것은 그가 일터 현장에서 하나님을 신뢰하면서 살아가는 모범을 보여주었다는 점이다. 일터에서 다니엘은 하나님과 동행하는 친밀한 관계를 사람들에게 나타내며 살았다. 다니엘은 그의 일터에서 생기는 문제가 있을 때마다 자기의 하나님에게 간구했고, 하나님은 다니엘에게 응답하셨다. 그렇게 하나님과 영적으로 친밀한 관계를 통해 다니엘은 일터의 사람들에게 간증하고 고백하는 것을 볼 수 있다.

심지어 사자 굴에 떨어졌을 때도 다니엘은 다리오 왕에게 사자 굴에서도 자신과 동행해주시는 하나님을 고백한다. "나의 하나님"이 천사를 보내 사자들을 막아주셨고, 그것이 자신의 무죄의 증명이라 고백하고 있다(22절). 다니엘은 자신의 삶에 역사한 하나님을 "나의 하나님"이라고 자신 있게 고백하고 있다. 느부갓네살이 "네 하나님"(20절)이라고 반복해서 말한 것에 대한 응답이기도 했다.

다니엘서 9장에서도 다니엘은 예레미야의 예언 두루마리를 보면서 70년 포로기가 끝나가는 것을 알았는데, 그때도 기도했다. 그때 다니엘은 "나의 하나님" "우리 하나님"이라고 자주 반복하고 있다(단 9:4-19). 삶 속에 밀착해서 늘 가까이 계시는 친근한 하나님을 그렇게 표현한 것이다. 우리도 다니엘처럼 하나님과 친밀한 관계를 통해 세상과 일터에서 힘을 얻어야 한다. 우리의 힘은 다른 것이 아니다. 하나님, 나의 하나님, 바로 우리의 하나님이다. 언약으로 우리 믿음의 조상들의 삶을 인도하신 하나님이 여전히 오늘 나의 삶에도 역사하신다는 믿음을 가질 때 우리는 세상에서 승리할 근거를 확보하는 것이다.

>>> 일하는 사람의 기도

나의 하나님, 우리의 하나님! 늘 하나님과 저의 관계를 염두에 두며 살아가겠습니다. 나의 하나님을 일의 과정과 결과물, 인간관계에 반영할 수 있게 도와주소서.

하나님을 이렇게도 **사랑**하다니…

손에 막대기를 가지고 시내에서 매끄러운 돌 다섯을 골라서 자기 목자의 제구 곧 주머니에 넣고 손에 물매를 가지고 블레셋 사람에게로 나아가니라. 사무엘상 17:40

내가 30여 년 전 고등학생 때 읽은 존 헌터 목사의 책 「하나님을 제한하지 말라」에서 다윗의 '물맷돌 다섯 개'의 해답을 찾았다. 사무엘하 21장 15~22절이 설명하는 대로 다윗이 이전에 죽인 골리앗 외에 블레셋에 있던 네 명의 거인 장수들이 사무엘상 17장의 이스라엘과 블레셋의 전쟁에 참전했다는 것이다. 그 전쟁에는 양 나라의 정규군대가(삼상 17:1,8의 "군대"가 한 국가의 정규군을 의미함) 참전했으니, 골리앗뿐만 아니라 다른 네 명의 거인 장수들도 다 참전했을 것이 당연하다. 거인들이 중간 중간 서 있었으니 좀 잘 보였겠는가?

다윗은 골리앗뿐만 아니라 그 뒤에 보이는 거인 장수들과도 다 맞서 싸우겠다는 결심으로 물맷돌을 다섯 개 준비했던 것이다. 물론 돌 하나로 골리앗만 죽이자 블레셋 군대는 도망가는 데 바

빠졌기에 다윗은 나머지 돌들을 사용할 필요가 없었다. 하지만 다윗의 생각은 분명했다. '내가 이 다섯 거인 녀석들을 다 없애버리겠다!' 이런 다윗의 용기는 죽어도 좋다는 결심이다. 하나님을 얼마나 사랑했으면 이 정도로 용기를 가질 수 있었을까? 거인 장수 다섯 명과 맞서 싸우겠다고 나선 다윗은 정말 대단한 배짱 믿음을 가졌다.

골리앗의 욕설을 맞받아치며 외치는 다윗의 우렁찬 목소리를 들어보라. "나는 만군의 여호와의 이름 곧 네가 모욕하는 이스라엘 군대의 하나님의 이름으로 네게 나아가노라. 오늘 여호와께서 너를 내 손에 넘기시리니 내가 너를 쳐서 네 목을 베고 블레셋 군대의 시체를 오늘 공중의 새와 땅의 들짐승에게 주어 온 땅으로 이스라엘에 하나님이 계신 줄 알게 하겠고"(삼상 17:45-46). 우리도 하나님을 사랑하며 용기를 낼 때 하나님이 우리와 함께해주신다. 다윗의 하나님 사랑을 배우자.

>>> 일하는 사람의 기도

하나님, 각박한 비즈니스 현장에서 다윗의 용기를 갖고 싶습니다. 주님을 사랑하는 마음으로 세상과 맞설 수 있는 용기를 주소서. 하나님과 가까워지는 연습을 많이 하게 하시고 기꺼이 실천할 수 있도록 함께해주소서.

치열한 일터 현장에서 **승리**하라

이스라엘이 다윗에게 기름을 부어 이스라엘 왕으로 삼았다 함을 블레셋 사람들이 듣고 블레셋 사람들이 다윗을 찾으러 다 올라오매 다윗이 듣고 요새로 나가니라. 블레셋 사람들이 이미 이르러 르바임 골짜기에 가득한지라. 다윗이 여호와께 여쭈어 이르되 내가 블레셋 사람에게로 올라가리이까. …여호와께서 다윗에게 말씀하시되 올라가라. 내가 반드시 블레셋 사람을 네 손에 넘기리라 하신지라. 사무엘하 5:17-19

인간을 표현하는 여러 가지 말이 있지만 '싸우는 존재'라고도 말할 수 있다. 비즈니스 현장도 대표적인 싸움의 현장이다. 우리는 과연 어떤 싸움을 할 것인가? 다윗 왕을 통해 우리가 비즈니스 현장에서 늘 하는 싸움의 방법을 배울 수 있다. 블레셋 군대가 다윗이 왕이 된 것을 기념하듯이 르바임 골짜기로 쳐들어왔을 때 다윗은 '요새'로 나갔다(17절). 요새로 간 것이 중요하다. 적이 쳐들어온 상황에서 내 땅이 전쟁터가 되었다. 그 상황에서 싸움을 유리하게 하기 위한 방법들을 최대한 모색해 요새로 갔다. 다윗은 싸움하는 방법을 알았다.

또한 다윗은 요새로 가서 그 전쟁을 해야 하는지 말아야 하는지, 근본적인 문제부터 하나님에게 기도했다. 그래서 하나님이 주시는 확신에 근거해서 싸웠다. 기도는 나의 연약함을 알고, 하나님을 의지하면서 하나님이 하실 것임을 믿는 것이다. 그래서 물을 흩음같이 쉽게 대적을 흩어버릴 정도로 블레셋의 대군을 상대로 크게 승리할 수 있었다. 하나님이 우리에게도 이런 승리를 주실 수 있다. 기도하며 하나님을 의지 하는 사람들에게 승리를 주신다.

승리한 후에 다윗은 두 가지를 했다. 하나님이 허락하신 승리임을 고백하며 그곳의 이름을 '바알브라심'이라고 붙였다. "주께서 흩으셨다"는 뜻이다. 또한 블레셋 사람들이 버리고 간 우상을 처리하여 악한 영향력을 차단했다. 그들은 자신들이 섬기는 신상들을 앞세우고 전쟁하러 왔으나 결국 하나님이 승리하신 것을 알렸다. 우리도 하나님이 주신 승리로 하나님의 이름을 높일 수 있다.

전쟁터와 같은 세상의 비즈니스 현장에서 크리스천답게 일할 수 있는 믿음과 용기를 주소서. 주님이 앞서 가시고 그 길을 따르는 제가 되도록 도와주소서.

일터에서 **순종**하여 하나님께 **영광**을

예수께서 그들에게 이르시되 항아리에 물을 채우라 하신즉 아귀까지 채우니 이제는 떠서 연회장에게 갖다주라 하시매 갖다주었더니 연회장은 물로 된 포도주를 맛보고도 어디서 났는지 알지 못하되 물 떠온 하인들은 알더라. …예수께서 이 첫 표적을 갈릴리 가나에서 행하여 그의 영광을 나타내시매 제자들이 그를 믿으니라. 요한복음 2:7-11

예수님이 사역 초기에 제자들과 함께 가나의 한 혼인잔치 집에 하객으로 참석하셨다. 그 집의 하인들은 일하는 사람들이었는데, 그들이 한 일이 아름답고 복된 결과를 낳았다. 하인들이 일하던 혼인집에는 부족함이 있었다. 당시 혼인잔치의 필수품이었던 포도주가 떨어졌던 것이다. 예수님이 이런 난감한 상황에서 어머니 마리아의 요청을 받고 부족함으로 어려움이 있는 일터의 문제에 개입하셨다.

예수님은 하인들에게 항아리에 물을 채우고 그것을 떠서 연회장에게 갖다주라고 말씀하셨다. 이때 하인들이 보여준 행동에 대해 주목해야 한다. 그들은 항아리의 아귀까지 물을 채웠다. 그저 건성으로 일하는 게 아니라 적극적으로 순종하겠다는 의지였다. 그런데 예수님이 그 물을 떠서 갖다주라고 하신 명령에 하인들이 순종하는 것은 항아리에 물을 채우는 일보다 더 힘들었을 것이다. 항아리 안에서 이미 변한 포도주를 떠다 준 것은 아닌 듯하다. 이렇게 표현하기 때문이다. "연회장은 물로 된 포도주를 맛보고도 어디서 났는지 알지 못하되 물 떠온 하인들은 알더라"(9절). '포도주를 떠온 하인들'이 아니라 '물 떠온 하인들'이라고 표현하는 것을 보면 아마도 물을 떠서 가던 중에 물이 포도주로 변했을 것 같다.

이렇게 그리스도께 순종한 하인들로 인해 부족함이 있던 혼인 잔치 자리에는 풍족함과 기쁨이 넘쳤다. 이 일을 통해 그리스도께서 그분의 영광을 나타내셨다(11절). 오늘 우리의 일터에도 많은 문제가 있지만 우리가 일하면서 주님에게 순종하면 우리의 순종으로 인해 하나님이 영광을 받으신다. 우리가 일하면서 그리스도의 말씀에 제대로 순종하지 못하는 이유는 무엇인가 생각해보자.

>>> 일하는 사람의 기도

하인들처럼 저도 일터에서 일하는 사람입니다. 순종의 미덕을 배워서 하나님에게 영광을 돌릴 수 있게 하소서. 결국 하나님이 유익하게 하실 것을 믿고 순종하게 도와주소서.

까다로운 장벽들을 넘어 예수님에게로

사람들이 한 중풍병자를 네 사람에게 메워 가지고 예수께로 올새 무리들 때문에 예수께 데려갈 수 없으므로 그 계신 곳의 지붕을 뜯어 구멍을 내고 중풍병자가 누운 상을 달아 내리니 예수께서 그들의 믿음을 보시고 중풍병자에게 이르시되 작은 자야 네 죄 사함을 받았느니라 하시니. 마가복음 2:3-5

인생에는 까다로운 장벽들이 많다. 이웃들의 호의로 예수님 앞으로 가게 된 한 지체장애인도 많은 장벽에 부딪혔다. 첫째는 질병이라는 장벽이었다. 오늘날에도 많은 사람들이 질병이라는 장벽으로 인해 앞으로 가지 못한다. 둘째 장벽은 사람이라는 조건의 장벽이었다. 중풍병자는 그나마 친절한 이웃의 도움으로 예수님이 계신 집에 갔으나 집 안으로 들어갈 수는 없었다. 그곳에는 사람들이 너무나 많았다. 내가 더 긴급한 환자인데 그곳은 응급실과 달리 위급한 순서대로 치료받지 못하는 환경이었다. 이런 사람의 장벽은 어떻게 해결할 수 있을까?

셋째는 구조적인 장벽이었다. 할 수 없이 그들은 계단을 통해 지붕에 올라갔다. 지붕에는 더 이상 사람의 장벽은 없었으나 예수님이 계신 방으로 들어갈 입구가 없었다. 구조적인 문제에 부딪혔다. 중풍병자를 예수님에게 데리고 가려는 네 사람은 고민했다. 결국 그들은 그 집의 지붕을 뚫기도 했다. 물론 그 행동은 분명히 무례했고 사람들에게 불편을 주는 것이었다. 아마도 그들은 사람들에게 사과하고 나중에 그 지붕을 고쳐주었을 것이다.

그렇게 힘들여 장벽들을 뚫고 예수님에게 갔더니 문제 해결의 시작이 있었다. 인생의 모든 장벽을 해결해주시는 예수님이 중풍병자를 불쌍히 여기셨다. 사람들의 비난도 감수하며 먼저 이 사람의 죄를 사해주시고 그 중풍병을 고쳐주셨다. 그들의 믿음을 칭찬하셨다. 남의 집 지붕을 뚫고 내려 왔으나 이제 그는 자기가 누웠던 침상을 들고 사람들을 헤치고 문을 통해 집으로 돌아갔다. 우리도 힘든 비즈니스 현장에서 겪는 문제들을 가지고 믿음으로 예수님에게 나아가자.

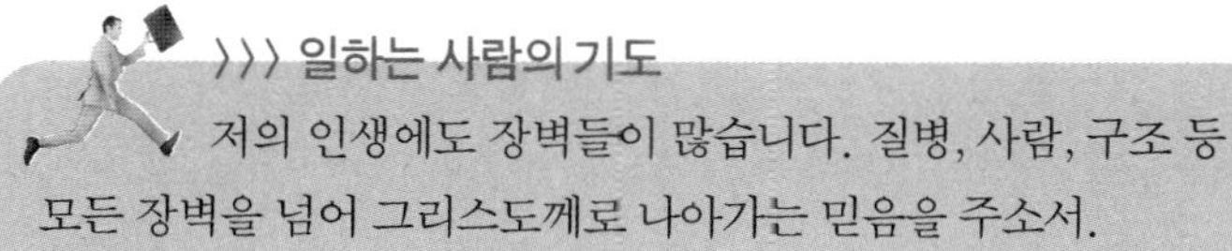

오천 명을 먹이는 **믿음**으로

여기 한 아이가 있어 보리떡 다섯 개와 물고기 두 마리를 가지고 있나이다.… 예수께서 떡을 가져 축사하신 후에 앉아 있는 자들에게 나눠 주시고 물고기도 그렇게 그들의 원대로 주시니라. 요한복음 6:9-11

미미 레더 감독의 영화 〈아름다운 세상을 위하여〉의 영어 제목은 "Pay It Forward"이다. 지불한다는 뜻의 'Pay'에 'Back'이라는 단어가 붙으면 돈을 빌려준 사람에게 되갚는다는 뜻인데, 'Forward'가 붙으면 준 사람이 아닌 다른 사람에게 준다는 뜻이 된다. 이 영화의 핵심적인 메시지가 제목에 담겨 있다. 자신이 받은 호의와 사랑을 베푼 사람이 아니라 다른 사람에게 갚는 사랑의 확산이 세상에 평화를 가져온다는 멋진 교훈을 보여준다.

이런 그리스도의 정신을 오병이어 이적 사건에서 한 아이가 보여준다. 예수님의 말씀이 해질녘까지 길어졌고, 사람들이 허기졌을 때 제자들은 문제를 해결하기 위해 분주했다. 그때 안드레가 한 아이의 도시락 하나를 받아왔다. 작은 실마리 하나를 본 것인데, 그것을 묵살하지 않으면서 예수님에게 알렸다. 결국 이 소년이 드린 음식으로 인해 굶주린 모든 사람이 배부름을 경험했다. 소년이 드린 적은 음식으로 예수님이 수만 명의 사람에게 하나님의 나라를 체험하게 하신 것은 참으로 놀라운 이적이다. 소년이 도시락을 드린 일은 작은 일이었어도 그 영향력은 매우 컸다.

물론 소년이 도시락을 드리지 않았더라도 예수님이 이적을 베풀지 못하시지는 않았을 것이다. 예수님이 소년의 도시락을 귀하게 여겨 이적의 촉매제로 사용해주신 것이 감사한 것이다. 이 일을 놓고 강평회를 할 때 제자들이 질문했다. "우리가 어떻게 하여야 하나님의 일을 하오리이까"(28절). 그러자 예수님이 말씀하셨다. "하나님께서 보내신 이를 믿는 것이 하나님의 일이니라"(29절). 오늘 우리의 모습이 비록 작고 보잘것없어도 하나님을 의지하는 믿음을 갖는다면 하나님이 이적을 베푸신다. 작은 희생과 헌신으로 세상을 살리는 일을 일터에서 실천하자.

>>> 일하는 사람의 기도

제가 가진 인생의 자원을 활용하여 세상 사람들을 주님에게로 인도할 수 있게 하소서. 저의 일터에서부터 주님을 믿는 믿음을 실천할 수 있는 사람이 되게 하소서.

하나님의 말씀과 기도로 거룩하여짐이라

복 있는 사람,
말씀의 길로!

복 있는 사람은 악인들의 꾀를 따르지 아니하며 죄인들의 길에 서지 아니하며 오만한 자들의 자리에 앉지 아니하고 오직 여호와의 율법을 즐거워하여 그의 율법을 주야로 묵상하는도다. 시편 1:1-2

프랑스의 한 신문사에서 당대의 유명한 작가들에게 질문을 했다. 질문의 내용은 "바다에서 파선 당해 한 권의 책만을 가져가야 한다면 어떤 책을 고를 것인가?"였다. 그러자 한 작가는 "한 권을 가져갈 바에야 그만 두지 무얼 가져갈 책이 있겠소?"라고 답했다. 희곡 작가 앙리 듀 베모어는 프랑스어 사전을 가지고 가겠다고 답했다. 대다수의 프랑스 문학가들은 어떻게 답했을까? 예상대로 '성경'이었다.

시편 1편에서 의인과 악인의 인생길을 가르는 가장 중요한 차이점은 무엇인가? 그것은 하나님의 말씀을 따라 사는가, 그렇지 않은가에 달려 있다. 하나님의 말씀대로 살려고 노력하는 사람이라 해서 세상의 악에 노출되지 않는 것은 아니다. 그런데 그 악한 사람들의 영향을 심각하게 받거나 그들과 공모하여 심각한 죄에 빠지지는 않는다. 말씀을 밤낮으로 묵상하기에 하나님의 인도를 받을 수 있기 때문이다. 이렇게 말씀에 충실한 삶을 살 때 그로 인해 풍성한 삶의 열매들을 맺을 수도 있다. "그는 시냇가에 심은 나무가 철을 따라 열매를 맺으며 그 잎사귀가 마르지 아니함 같으니 그가 하는 모든 일이 다 형통하리로다"(3절).

반면 악인은 말씀을 묵상하는 삶을 살지 않는다. 그들은 하나님과 관계없이 자신들의 욕심대로 세상을 살아가기에 하나님의 말씀은 안중에도 없다. 따라서 때로 점잖고 친절하며 자비로운 행동을 하더라도 그것을 하나님이 영원히 의롭다고 평가해주시지는 않는다. 하나님의 말씀을 통해 교제하지 않기 때문이다. 세상에서 일하며 살아가는 우리는 하나님 말씀의 인도를 받으며 살겠다고 결심해야 한다. 말씀을 묵상하는 것을 무엇보다 소중하게 여기면 말씀을 통해 하나님이 주시는 놀라운 은혜를 얻을 수 있다.

>>> 일하는 사람의 기도

말씀을 통해 하나님의 인도하심을 받고 말씀에 순종하는 삶을 살기 원합니다. 하나님이 복 주시는 귀한 인생길을 걷게 하소서.

말씀을 지켜 행하면 얻는 복

내가 오늘 명하는 모든 명령을 너희는 지켜 행하라. 그리하면 너희가 살고 번성하고 여호와께서 너희의 조상들에게 맹세하신 땅에 들어가서 그것을 차지하리라. 신명기 8:1

하나님의 말씀을 지켜 행하면 어떤 복을 받는가? 이스라엘 신세대를 향한 설교에서 모세가 말한다. 첫째, 말씀을 지키면 살 수 있다. 이스라엘 백성들은 광야에서 살 때 하나님이 내려주신 만나와 메추라기를 먹고 살았다. 하나님이 마련하신 샘물을 마시고 살았고, 의복이 해어지지 않았으며, 그들의 발이 부르트지 않았다(신 8:3-4). '만나'는 한 사람이 하루 먹을 양만큼만 거두는 은혜, 즉 흥청망청 낭비하는 것도 없고 부족한 것도 없는 적절한 수준의 경제생활을 말한다. 우리도 이런 생존의 은혜로 감사할 수 있지 않은가? 그러면 복 받은 것이다.

둘째, 말씀을 지키면 번성한다고 하신다. 그런데 출애굽 다음 해의 인구조사와 38년 후 행한 인구조사를 보면 인구는 조금 줄었다. 그런데도 하나님의 말씀을 지키면 번성한다는 의미는 무엇일까? 광야에서 큰 재앙과 급격한 사회 변화가 있었는데도 인구 수가 거의 비슷하게 60만 여명이었다는 사실은 말씀을 지키지 않으면 멸망하고, 말씀을 지키면 번성한다는 양면의 진리를 증명해준다. 말씀을 지키면 번성한다는 것은 부정한 방법으로 외형이 늘어나는 것을 말하지 않는다. 이런 번성이 우리 크리스천의 남다른 성공이다. 이런 성공을 추구하지 않겠는가?

셋째, 말씀을 지키면 약속받은 땅을 얻는다. 광야생활을 마치는 이스라엘 신세대에게 모세는 중요한 약속을 재천명했다. 7절에서 모세가 말하는 대로 가나안 땅은 광야와는 다른 새로운 세상이다. 아름다운 땅이라고 한다. 골짜기와 산지에 시내가 흐르고 샘이 솟아난다. 밀과 보리가 자라고, 포도와 무화과와 석류와 감람나무가 자란다. 말씀을 지키면 그런 땅을 얻는다고 약속한다. 우리도 사탄이 장악하고 있는 세상의 직업 영역들에서 그들의 땅을 빼앗아 하나님의 손에 올려드릴 사명을 가지고 있다.

하나님의 말씀을 지키는 삶은 도깨비 방망이가 아님을 꼭 기억하겠습니다. 하나님의 기준으로 복 받는 삶을 추구하며 복된 크리스천으로 살아갈 수 있게 도와주소서.

네 **하나님 여호와**를 잊지 마라

그러나 네가 마음에 이르기를 내 능력과 내 손의 힘으로 내가 이 재물을 얻었다 말할 것이라. 네 하나님 여호와를 기억하라. 그가 네게 재물 얻을 능력을 주셨음이라. 이같이 하심은 네 조상들에게 맹세하신 언약을 오늘과 같이 이루려 하심이니라. 신명기 8:17-18

모세는 신명기에서 여러 차례 '땅'을 강조했다. 하나님이 이스라엘 백성들에게 주신 가나안 땅, 그 땅에 들어가서 얻게 될 놀라운 복을 자주 말했다. 광야에서 40년 동안 지낸 이스라엘 백성들에게 이 말씀이 더욱 절실했을 것이다. 하지만 모세는 넉넉해지는 때에 교만할 수 있다고 경계한다. 돈을 좀 벌고 나면 하나님을 잊지 말라고 경계한다. 하나님의 어떤 모습을 보고 꼭 기억해야 하는가? 바로 애굽 땅에서 수백 년 종으로 살던 이스라엘 백성들을 끌어내셨던 여호와 하나님을 기억하라는 것이다.

우리도 오늘 우리 일터에서 일하면서 돈을 벌고 살아간다. 우리가 만드는 제품과 서비스를 제공하고 보수를 받는다. 일을 해서 돈을 버는 것에 대해 사람들은 보통 이렇게 생각할 수 있다.

'내 능력과 내 손으로 내가 번 돈이다.' 그러나 모세는 그것이 아니라고 말한다. "네 하나님 여호와를 기억하라. 그가 네게 재물 얻을 능력을 주셨음이라"(18절). 돈 버는 능력은 하나님이 주신다. 우리는 이 사실을 꼭 기억해야 하겠다.

하나님이 우리에게 재물 얻을 능력을 주신 이유가 있다. 하나님이 맹세하신 언약을 이루기 위함이다(18절). 하나님은 아브라함에게 후손과 땅을 주고 세상 모든 사람이 그로 인해 복을 받게 하겠다고 하셨다(창 12:1-3). 그 언약을 이룰 수 있게 하는 힘 중에 하나가 바로 돈이다. 그래서 하나님은 돈 버는 능력을 그의 백성들에게 주셨다. 이 하나님을 잊지 말아야 한다. 오늘 우리가 하는 일, 일을 해서 버는 돈의 의미를 우리가 분명히 기억할 수 있어야 한다.

>>> 일하는 사람의 기도

하나님, 비즈니스 현장에서 돈벌이 때문에 하나님을 잊지 않도록 도와주소서. 광야와 같은 세상에서 겸손히 하나님을 의지하면서 살아가도록 붙들어주소서.

말씀이 이루어질 때까지
단련 받으면…

그가 한 사람을 앞서 보내셨음이여 요셉이 종으로 팔렸도다. 그의 발은 차꼬를 차고 그의 몸은 쇠사슬에 매였으니 곧 여호와의 말씀이 응할 때까지라. 그의 말씀이 그를 단련하였도다. 시편 105:17-19

직장생활을 '감옥생활'로 비유하는 글을 보고는 그럴듯하다고 생각했다. 그런데 감옥 같은 직장생활을 통해서도 배울 점을 찾으면 좋겠다는 생각이 들었다. 감옥생활을 했던 대표적인 직업인은 요셉이다. 창세기의 기사를 보면 요셉이 감옥에 갇혔어도 곧 인정받아 편하게 지낸 것처럼 보인다. 하지만 꽤 고단하고 힘든 인내의 세월이 있었음을 시편 105편 말씀에서 확인할 수 있다. 요셉은 감옥에서 오래도록 고통당했다. 요셉의 발에 차꼬가 채워져 있었다는 것은(18절) 요셉이 감옥생활 동안 자유롭게 행동하지 못했으며 고통스러웠음을 보여준다.

요셉의 몸이 쇠사슬에 매였다는 구절은 요셉이 감옥생활을 처음 시작하던 때에는 신앙적인 갈등도 심각했음을 보여준다. 여기에 나오는 "몸"이라는 단어는 히브리어로는 "영혼"이라는 뜻이다. 그러니 그 몸이 쇠사슬에 매였다는 표현은 "그의 영혼을 쇠사슬이 꿰뚫었다"는 뜻이다. 요셉의 고민과 방황을 잘 보여주는 구절이다. 요셉은 하나님의 말씀을 통해 배운 대로 성적 유혹을 당할 때 이겨내려고 노력했다. 그런데 모함을 받아 감옥에 들어가고, 힘든 나날을 보낸 것이다. 그래서 요셉의 영혼이 얼마나 하나님으로부터 달아나려고 하는지 하나님이 그의 영혼을 쇠사슬로 꿰뚫어 묶어 놓았다고 하는 것이다. 그렇게 하나님이 요셉을 보호해주셨다.

이런 고통의 세월을 언제까지 겪어야 했는가? "여호와의 말씀이 응할 때까지"였다. 말씀이 요셉을 단련했다. 오늘 우리가 감옥 같은 직장생활을 할 때도 이 사실을 꼭 기억해야 한다. 이런 단련을 거친 후에야 요셉이 어릴 때부터 꾸던 꿈이 이루어졌다. 우리가 겪는 고통에도 이런 놀라운 하나님의 뜻이 있음을 기억하자.

하나님, 저의 직장생활에 고통이 없지 않습니다. 쉽지 않은 일들에 담긴 하나님의 뜻을 기억하게 도와주소서. 저의 삶도 말씀으로 단련받게 도와주소서.

당신의 **일을 위해** 기도하는가?

> 그러므로 안식일에 이러한 일을 행하신다 하여 유대인들이 예수를 박해하게 된지라. 예수께서 그들에게 이르시되 내 아버지께서 이제까지 일하시니 나도 일한다 하시매. 요한복음 5:16-17

크리스천 직업인들 중 일은 신앙과 관계없다고 생각하는 사람들이 있다. 하지만 일과 신앙은 밀접한 관계가 있다. 일과 기도는 따로 떨어져 있지 않다. 기도를 통해 일의 의미를 바로 알고, 일과 기도를 잘 조화시킨 대표적인 인물은 바로 예수님이다. 안식일에 병을 고쳐준 일로 인해 유대인의 박해를 받을 때 예수님은 하나님 아버지께서 지금까지 일하시니 자신도 일한다면서 자신이 하는 일이 하나님의 일임을 분명히 밝히셨다.

예수님은 공생애 전에는 목수로 일하셨다. 우주를 창조하신 하나님의 일을 본받아 사람들의 집과 가구와 생활도구들을 만드셨다. 또한 공생애 기간에도 말씀사역과 병자들을 고치고 귀신을 쫓아내면서 하나님의 나라를 임하게 하는 일을 감당하셨다. 그 과정에서 예수님은 늘 기도하셨다. 본격적으로 공생애 사역을 시작하기 위해 광야에서 40일간 금식하며 기도로 준비하셨다(막 1:12-13). 밤늦은 시간까지 일하고도 새벽에 일어나 기도하셨다(막 1:32-35). 예수님은 기도를 통해 하나님이 어떤 일을 하라고 하시는지 하나님의 뜻을 아셨다(막 1:36-37).

예수님은 중요한 일을 앞두었을 때는 특별히 기도하셨다. 제자들을 택하기 전에는 밤을 새워 기도하셨고(눅 6:12), 사역을 마칠 무렵 십자가 형벌 이전에 겟세마네 동산에서 피땀 흘리며 기도하셨다(막 14:32). 때로 주님은 기도를 위해서 하던 일을 포기하신 적도 있다. 많은 사람들이 몰려오자 예수님은 한적한 곳으로 가서 기도하셨다(눅 5:15-16). 예수님의 생애는 우리에게 일과 기도의 관계에 대한 중요한 교훈을 보여준다. 하나님이신 예수님이 일하면서 기도하셨다면 우리야 말로 당연히 기도해야 하지 않겠는가? 예수님을 닮아 열심히 기도하며 일하는 직업인이 되자.

>>> 일하는 사람의 기도

저의 일을 위해 기도하겠습니다. 일터의 주인이신 하나님이 저를 진정한 주님의 사람으로 만들어주시고, 제가 일하는 일터를 변화시켜주시기 원합니다.

위기를 돌파하는 기도

히스기야가 그 사자들의 손에서 글을 받아 보고 여호와의 전에 올라가서 그 글을 여호와 앞에 펴 놓고 우리 하나님 여호와여 이제 우리를 그의 손에서 구원하사 천하 만국이 주만이 여호와이신 줄을 알게 하옵소서 하니라. 이사야 37:14,20

강대국 앗수르 왕 산헤립이 수많은 군대를 이끌고 유다 왕국으로 쳐들어와 항복을 권유하는 문서를 보냈다. 이때 히스기야 왕은 산헤립이 보낸 두루마리를 들고 하나님의 성전으로 가서 그 글을 여호와 하나님 앞에 펴놓았다. 하나님이 보시라는 일종의 시위였다. 그리고 히스기야는 위기를 돌파하는 기도의 전형을 우리에게 보여준다.

히스기야는 자신이 겪는 문제를 하나님에게 아뢰면서 그 하나님이 어떤 분인가 일일이 서술한다. "천사들 사이에 계신 이스라엘 하나님 만군의 여호와"시라고 말이다. "천하 만국에서 유일한 신이요 천지를 만드신 분"이라고 한다(16절). 산헤립이 보낸 서신의 망언을 눈을 뜨고 보고 들으시라고 하나님에게 탄원했다. 또한 그 앗수르 군대가 여러 나라를 유린하고 자신들의 신들을 앞세워 사람들을 능멸하는 사실을 아뢰었다(17-19절) 우리도 기도할 때는 하나님이 어떤 분이신가 알고 기도해야 한다. 그분이 온 세상의 창조주이심을 기억하며 하나님을 찬양하면서 기도해야 한다. 히스기야는 앗수르의 신들은 우상에 불과하고, 하나님만이 참 신이심을 입증해달라면서 천하 만국이 하나님만 여호와이신 줄 알게 해달라고 기도한다(20절).

이것은 무슨 뜻인까? 하나님이 히스기야의 기도를 들어주셔서 하나님의 하나님 되심을 입증해달라는 것이다. 하나님만이 구원을 베푸시는 유일신임을 드러내시라면서 하나님을 압박하는 기도였다. 결국 하나님은 히스기야의 기도에 응답하셨다. 하나님은 18만 5천 명이나 되었던 앗수르의 군대를 하룻밤에 몰살시키셨다. 산헤립 왕도 고국으로 돌아간 후 암살당했다. 어려움을 겪을 때 하나님의 크심을 기억하자. 하나님은 우리가 겪는 문제들보다 훨씬 큰 능력을 가지고 계신 분이다.

>>> 일하는 사람의 기도

하나님, 저도 어려움을 겪을 때가 있습니다. 그때 하나님의 능력을 꼭 기억하겠습니다. 어려움보다 훨씬 크신 하나님의 능력을 제대로 깨달을 수 있는 믿음을 주소서.

항상 **성령 안에서** 기도하는 법

> 모든 기도와 간구를 하되 항상 성령 안에서 기도하고 이를 위하여 깨어 구하기를 항상 힘쓰며 여러 성도를 위하여 구하라. 또 나를 위하여 구할 것은 내게 말씀을 주사 나로 입을 열어 복음의 비밀을 담대히 알리게 하옵소서 할 것이니. 에베소서 6:18-19

영화 〈지붕 위의 바이올린〉에 보면 유대인 가장 테비에가 말씀의 전통을 지키기 위해 수시로 기도하는 모습이 나온다. 테비에는 문제가 생길 때마다 기도한다. 이야기를 하다가도 기도하고, 하늘을 쳐다보며 하나님에게 기도한다. 민족의 심각한 위기를 극복할 수 있게 해달라는 기도도 하고, 가난한 재단사인 사위에게 재봉틀 하나 마련해달라고 기도한다. 딸이 이방인과 결혼하는 것은 기도하자마자 안 된다고 즉각적인 응답까지 받았다. 영화는 테비에가 기도할 때마다 이야기하는 사람과 갑자기 멀리 떨어지는 카메라 기법으로 일상 속의 기도를 연출한다.

우리도 삶의 모든 문제를 가지고 기도해야 한다. 바울은 항상 성령 안에서 기도하고 깨어 구하기를 힘쓰라고 강조한다. 그렇다면 온종일 기도만 해야 하는가? "모든 기도와 간구"라는 표현을 살펴봐야 한다. '기도'는 시간과 장소를 정해 놓고 하는 기도나 대표기도 같은 것을 의미한다. '간구'는 특별한 목적을 위한 기도나 다양한 방법으로 하는 기도를 뜻한다. 항상 기도하는 것은 정기적인 기도와 특별한 목적을 가진 간구를 병행하는 것이라고 이해할 수 있다.

시간을 정해놓고 하는 기도만 한다고 항상 성령 안에서 기도하는 책임을 다하는 것은 아닐 것이다. 우리의 일터 현장에서도 항상 기도하는 예를 느헤미야를 통해 확인할 수 있다. 예루살렘 성벽이 무너진 소식을 듣고 고국을 돕기 원했던 느헤미야가 왕에게 아뢸 기회를 얻었을 때 하나님께 묵도했다고 한다(느 2:4). 느헤미야처럼 우리도 결재를 받을 때나 고객과 상담하기 전에, 회의 시간 전에, 프레젠테이션을 해야 할 때 하나님께 짧지만 간절한 기도를 할 수 있다. 항상 성령 안에서 기도하는 크리스천 직업인을 하나님이 기뻐하실 것이다.

>>> 일하는 사람의 기도
언제나 기도하는 심정으로 일하겠습니다. 오늘 저의 결재에 함께 하시고 고객과의 상담 시간을 붙드소서. 일하는 순간순간을 지켜주소서.

기도를
잊지 않게 하소서!

무리가 그들의 양식을 취하고는 어떻게 할지를 여호와께 묻지 아니하고 여호수아가 곧 그들과 화친하여 그들을 살리리라는 조약을 맺고 회중 족장들이 그들에게 맹세하였더라. 그들과 조약을 맺은 후 사흘이 지나서야 그들이 이웃에서 자기들 중에 거주하는 자들이라 함을 들으니라. 여호수아 9:14-16

우리 그리스도인들은 언제나 기도하는 삶을 살아야 한다. "쉬지 말고 기도하라"(살전 5:17)는 말씀을 늘 실천해야 한다. 하지만 언제나 기도하기는 쉽지 않다. 기도하는 마음 자세로 살면서 주님과 동행해야 하지만 때로 분주한 일터에서 지내다 보면 아무 생각 없이 그저 시간을 보내는 경우도 많다. 그렇게 정신없이 일을 하다 낭패를 본 후 '아차, 기도하지 않았구나!' 라고 후회해본 적이 있는가? 여호수아와 이스라엘의 지도자들이 바로 그런 실수를 했다. 이런 실패의 이야기가 우리에게 거울이 되어야 한다.

가나안 땅을 정복하는 여호수아와 이스라엘 백성들은 난공불락의 여리고 성과 아이 성을 차례로 점령했다. 이후 남루한 차림을 한 사절단이 이스라엘 진영을 방문했다. 기브온 사람들인 그들은 말한다. 자신들은 먼 지역에 살고 있는 종족으로 이스라엘에 항복하는 화친을 청하려고 왔다고. 낡은 옷과 신, 마르고 곰팡이 난 떡을 준비했다. 그들이 하는 말 속에는 최근 소식인 여리고와 아이 성에 대한 이야기는 없었다. 요단 강 동편에서 이스라엘이 두 왕을 이긴 사건만 거론한다. 주도면밀하게 작정하고 속이려 했던 것이다.

그러나 사실 기브온 사람들은 지척에 살고 있었다. 그들이 먼 곳에서 왔다는 결정적인 증거를 보고 이스라엘 백성들은 우쭐하기도 했을 것이다. 그래서 전혀 기도하지 않은 채 화친조약을 맺었다. 다른 어떤 이유가 아니라 기도하지 않고 일했기 때문에 이런 실수를 했다. 선택의 기로에 놓였을 때, 일의 진행이 잘 안 될 때, 앞이 보이지 않을 때 특히 더욱 기드하자. 그런 사람을 크리스천 직업인이라고 한다.

〉〉〉 일하는 사람의 기도

일을 결정할 때 주님으 뜻을 여쭙는 복된 입이 되게 하소서. 그 일을 향해 가지고 계신 주님의 계획을 잘 듣는 복된 귀를 주소서. 언제나 기도하게 도와주소서.

바울의 **기도 모델**, 다니엘

아무것도 염려하지 말고 다만 모든 일에 기도와 간구로, 너희 구할 것을 감사함으로 하나님께 아뢰라. 그리하면 모든 지각에 뛰어난 하나님의 평강이 그리스도 예수 안에서 너희 마음과 생각을 지키시리라. 빌립보서 4:6-7

사람들은 문제가 있을 때 '기도'보다 '염려'를 더 많이 한다. 염려는 기도와 비슷한 종교적인 행위임을 알 수 있다. 그런데 바울이 빌립보서에서 이 유명한 기도에 관한 교훈을 적을 때 머릿속에 떠올렸던 인물이 다니엘이 아닐까 생각한다. 다니엘은 자신을 겨냥해 동료들이 조치한 기도의 금령을 알고도 "전에 하던 대로 하루 세 번씩 무릎을 꿇고 기도하며 그의 하나님께 감사"하였다(단 6:10). 또한 "그 무리들이 모여서 다니엘이 자기 하나님 앞에 기도하며 간구하는 것을 발견"했다(단 6:11). 이 구절과 빌립보서 4장 5~6절이 일치하는 부분이 있다.

이 두 구절의 정황을 생각해보면 다니엘은 자신의 앞에 닥친 위기를 파악하고 난 후 염려하는 대신에 기도와 간구를 했다. 또

한 다니엘이 기도를 통해 얻은 것이 바로 하나님의 평강(빌 4:7)
아니었겠는가? 다니엘도 정해 놓은 시간에 하루 세 번 기도했고,
바울도 "모든 일"에 기도하라고 권면하그 있다. 그러니 빌립보서
4장 6~7절은 다니엘서 6장 10~11절의 주석과도 같아 보인다.
두 구절을 비교해보면 "기도, 간구, 감사"와 같은 단어들이 동일
하게 사용된다. 단어의 쓰임새도 비슷하라.

우리도 문제가 있을 때 염려하는 대신에 기도하면 하나님의 평
강이 그리스도 예수 안에서 우리의 마음과 생각을 지켜주실 것이
다. 염려하지 말고 기도하자! 세상 사람들은 많은 걱정을 하며 살
아간다. 우리도 염려를 놓지 않으면 하나님이 우리 크리스천들에
게 주신 특권을 포기하는 것이다. 바울과 다니엘이 위기 속에서
경험했던 이런 귀한 특권을 우리도 마땅히 누릴 수 있어야 한다.

>>> 일하는 사람의 기도

우리의 일터에, 제 인생 앞에 두려운 문제가 많이 있습
니다. 염려하며 두려워 떨지 말게 하소서. 하나님에게 모든 것을
맡기며 기도할 수 있는 믿음을 주소서.

악한 세상에서 치열하게 찾는 하나님의 뜻

세상과 맞설 **대안**으로 무장하라

청하오니 당신의 종들을 열흘 동안 시험하여 채식을 주어 먹게 하고 물을 주어 마시게 한 후에 당신 앞에서 우리의 얼굴과 왕의 음식을 먹는 소년들의 얼굴을 비교하여 보아서 당신이 보는 대로 종들에게 행하소서 하매 그가 그들의 말을 따라 열흘 동안 시험하더니 열흘 후에 그들의 얼굴이 더욱 아름답고 살이 더욱 윤택하여 왕의 음식을 먹는 다른 소년들보다 더 좋아 보인지라. 다니엘 1:12-15

우리 크리스천들이 세상에서 하나님의 사람으로 살아가는 일은 만만치 않다. 특히 일터문화와 윤리문제에 대한 어려움은 심각하다. 갈등거리가 생겼을 때 우리는 어떻게 대응해야 할까? 말씀과 하나님의 뜻에 기초하여 우리는 크리스천다운 용기를 드러낼 수 있다. 그런데 용기만큼 필요한 것이 지혜이다. 다니엘과 세 친구들이 용기 있는 깡과 더불어 멋진 꾀를 보여준다.

다니엘과 세 친구들이 그랬던 것처럼 갈등이 생겼다고 회피하거나 격리되면 안 된다. 함께하면서 구별되어야 한다. 예수님이 말씀하신 대로 우리는 하나님이 예수님을 세상에 보내셨지만 세상에 속하지 않으신 모습처럼 살아야 한다(요 17:16-18). 물론 함께하다 보면 동화되기 쉽다. 하지만 동화되지 말고 적응하기 위해 노력해야 한다. 이렇게 격리가 아닌 구별, 동화가 아닌 적응의 원칙으로 우리는 일터문화에 대한 대응 전략을 세울 수 있다.

물론 이렇게 논리적으로 정리한 개념처럼 실제로 실천하는 일이 쉽지는 않다. 나도 직장사역을 해오면서 이런 일터문화의 대응 방법에 대해 고민하다가 한 단어가 생각났다. 바로 '대안'이라는 단어이다. 일터에서 우리가 해야 할 일과 의무에 충실하되 크리스천으로서 다른 방법으로 일을 해내는 대안(代案)을 제시하는 것이다. 다니엘과 세 친구들이 열흘 간 시험해 보아서 문제가 없으면 자기들의 제안대로 특별한 음식을 먹지 않겠다고 한 것이 바로 이 대안이다. 이런 효과적인 대안을 세워 우리 일터의 삶에서 세상적인 일터문화를 변화시키기 위해 노력하자.

세상과 격리되지 않기 도와주소서. 동화되지도 않게 하소서. 거룩하게 구별되고 지혜롭게 적응해 나갈 수 있도록 인도해주소서.

내가 내 눈과 하는 **약속**

내가 내 눈과 약속하였나니 어찌 처녀에게 주목하랴. 그리하면 위에 계신 하나님께서 내리시는 분깃이 무엇이겠으며 높은 곳의 전능자께서 주시는 기업이 무엇이겠느냐. 욥기 31:1-2

우리는 성(性)이 상품화되어 광고를 점령한 시대를 살고 있다. 일터에서도 자주 문제가 되는 성희롱과 성추행도 심각하고, 성범죄가 우리 사회에서 매우 뿌리 깊은 사회적인 문제가 되었다. 이런 시대를 살아가는 우리에게 교훈이 되는 이야기를 극심하게 고통을 겪던 욥이 해주고 있다. 욥이 논쟁하던 친구들에게 이렇게 말했다. "내가 내 눈과 약속하였나니 어찌 처녀에게 주목하랴?"

욥은 아마도 성적인 문제에 대해 하나님 앞에서 약속을 한 듯하다. 젊은 여성에게 주목하며 성적 죄악에 빠지지 않겠고, 만약 성적 범죄에 빠진다면 하나님이 주시는 상급이 없어도 좋겠다고 약속을 한 듯하다. 이런 약속은 참으로 대단하다. 사실 요즘 우리의 상황에 견주어 본다면 욥이 말하는 시각적인 성적 유혹은 비일비재하다. 이것은 동서고금을 막론하고 어떤 사람에게도 마찬

가지일 것이다. 오늘 우리의 일터에서도 이런 일은 자주 있는 현실이다.

욥은 성적 범죄를 하나님이 싫어하시고, 그 부분에서 제대로 잘 못하면 하나님 앞에서 어떤 축복도 받지 못할 것을 알았다. "그리하면 위에 계신 하나님께서 내리시는 분깃이 무엇이겠느냐"(2절)라고 말한다. 좀 더 나아가서 "불의한 자에게는 환난이 아니겠느냐"(3절)라고 말하면서 재앙이 될 수 있음을 강조했다. 무엇보다도 성적인 범죄가 하나님 앞에 죄악이며 하나님의 저주를 받을 일인 것을 욥은 잘 알았다. "재판에 회부할 죄악이요 멸망하도록 사르는 불이니 나의 모든 소출을 뿌리째 뽑기를 바라노라"(11-12절). 나름의 원칙을 세우면서 욥이 지키려 했던 성적 순결을 우리도 지켜낼 수 있도록 노력해야 한다.

>>> 일하는 사람의 기도

욥처럼 성적 순결을 지켜나가도록 노력하겠습니다. 저의 힘으로 감당할 수 없사오니 주님께서 절제의 미덕과 용기를 주시고 저를 지켜주소서.

071

아무도 **보는 사람**이 없을 때 당신은?

요셉이 거절하며 자기 주인의 아내에게 이르되 내 주인이 집안의 모든 소유를 간섭하지 아니하고 다 내 손에 위탁하였으니 이 집에는 나보다 큰 이가 없으며 주인이 아무것도 내게 금하지 아니하였어도 금한 것은 당신뿐이니 당신은 그의 아내임이라. 그런즉 내가 어찌 이 큰 악을 행하여 하나님께 죄를 지으리이까. 창세기 39:8-9

애굽 왕 바로의 친위대장 보디발의 집 가정총무로 모든 일을 다 맡아 해야 했던 요셉은 일의 결과에 대한 부담이 만만치 않았을 것이다. 나이도 어리고 이방인인 요셉이 많은 노예들을 거느린 책임자가 되었으니 시기도 만만찮았을 것이다. 이런 환경 속에서 요셉은 훌륭하게 직장생활에 임하고 있었다. 그러나 피하기 힘든 상황이 있었는데, 주인의 아내가 성적 유혹을 했던 것이다.

그러다가 어느 날 요셉이 보디발의 집에 들어갔는데, 주인의 아내 외에 아무도 없었다. 평소에 함께 있는 것도 피하려고 애를 썼지만 그날은 보디발의 아내가 의도한 막다른 골목으로 몰렸다. 이때 그 여인은 요셉의 옷을 붙들고 매달렸는데, 요셉은 자기의 옷을 벗어 팽개치고 도망갔다. 옷을 버리고 도망가면 어떻게 될 것인지 요셉이 모르지 않았을 것이다. 주인의 아내를 범하는 강간범으로 몰려서 죽는다는 사실도 알았다. 하지만 요셉은 옷을 팽개칠지언정 양심을 버리지 않았다. 하나님 앞에서 지켜야 할 영적, 육체적 순결은 절대 포기하지 않았다.

우리가 잘 아는 이 일은 그리 쉬운 상황이 아니다. 요셉의 입장에서 생각해보면 '아무도 보는 이 없을 때!' 자기에게 관심과 호의와 성적 매력을 느껴준 사람, 그것도 자기를 호강시키고 출세시켜줄 만한 권력자의 아내가 은근하게 유혹한 것이다. 이런 유혹의 상황에서 요셉이 먼저 본 것이 있다. 바로 하나님의 눈을 보았다. "내가 어찌 이 큰 악을 행하여 하나님께 죄를 지으리이까?" 사람은 어쩌면 못 볼 수도 있으나 하나님은 반드시 보고 계시는 것을 요셉은 알았다. 오늘날에는 CCTV가 곳곳을 지키고 있다. 그런 카메라보다 준엄한 하나님의 눈을 의식하며 살아가도록 하자.

>>> 일하는 사람의 기도

일터에서 겪는 유혹들이 많습니다. 수많은 유혹 앞에서 하나님의 눈을 의식하게 인도해주소서. 아무도 보는 이 없을 때에도 주님의 시선을 느끼게 도와주소서.

무속 문화 현장에서도 **대안의 지혜를!**

너는 나 외에는 다른 신들을 네게 두지 말라. 너를 위하여 새긴 우상을 만들지 말고… 어떤 형상도 만들지 말며 그것들에게 절하지 말며 그것들을 섬기지 말라. …나를 사랑하고 내 계명을 지키는 자에게는 천 대까지 은혜를 베푸느니라. 출애굽기 20:3-6

우리 일터에는 무속문화의 잔재가 아직 남아 있다. 포스트모더니즘의 특징 중 하나인 종교성 확대의 영향인지 오히려 더욱 늘어난다는 느낌도 받는다. 고사 자리에서도 우리는 크리스천의 정체성을 드러내야 한다. 일단 고사를 지내는 사람들의 마음을 이해하는 게 중요하다. 그들이 그렇게 고사를 지내는 것은 불안함 때문일 것이다. 그렇게라도 해서 회사가 잘되기를 바라고, 또한 잘못되었을 때 책임을 피하려는 의도이기도 하다. 우리 역시 회사가 잘되기를 바라는 사람들이니 그 점에 동의는 하면서 어떤 대안을 세울 수 있을까?

고사 자리 뒤에서 하나님에게 기도하는 것도 소극적이지만 한 가지 대안이다. 임원이나 직급이 있는 사람들은 나가서 차례대로

절을 해야 하는 상황에서는 더욱 난감하다. 이런 때 일하는 사람에게 죽음과도 같은 '사표'를 써 가지고 강력하게 대처하자, 오히려 하나님의 은혜로 전화위복의 기회가 생기는 간증도 들어봤다. 신우회와 같은 단체의 대응으로는 공문을 보내 고사 자리 옆에서 크리스천 직원들의 예배도 함께 드리자고 제안하는 방법이 있다. 물론 정중하게 요청해야 한다. 십계명에서 명하는 대로 우상 숭배를 하지 않는 기독교의 가르침을 표현하면서 공식적인 공문을 보내보는 것이다. 우스운 일이라며 거절을 당하더라도 신우회의 존재를 보여주고, 나름의 정체성을 드러내는 분명한 기회가 될 수 있다.

물론 일터에서 고사를 지낼 때 가장 바람직한 대안은 예배로 대체하는 것이다. 전에 〈대조영〉이라는 드라마가 시작할 때 그 드라마에 출연했던 임동진 목사님을 중심으로 고사 대신 예배를 드렸다고 한다. 영등포역의 역사 개축공사 때도 신우회에서 주관하며 고사 대신에 기공 예배를 드렸다는 간증도 들었다. 멋진 대안이 아닐 수 없다.

〉〉〉 일하는 사람의 기도

하나님을 알지 못하고 헛된 종교적인 행위를 하는 일을 볼 때 답답합니다. 그런 때에도 대안을 위해 노력하는 끈기와 지혜로 대응할 수 있도록 힘을 주소서.

주의 성산에 사는 자 누구인가?

여호와여 주의 장막에 머무를 자 누구오며 주의 성산에 사는 자 누구오니이까. 정직하게 행하며 공의를 실천하며 그의 마음에 진실을 말하며 그의 혀로 남을 허물하지 아니하고 그의 이웃에게 악을 행하지 아니하며 그의 이웃을 비방하지 아니하며 그의 눈은 망령된 자를 멸시하며 여호와를 두려워하는 자들을 존대하며 그의 마음에 서원한 것은 해로울지라도 변하지 아니하며 이자를 받으려고 돈을 꾸어주지 아니하며 뇌물을 받고 무죄한 자를 해하지 아니하는 자이니 이런 일을 행하는 자는 영원히 흔들리지 아니하리이다. 시편 15:1-5

다윗은 시편 15편에서 질문을 하고 있다. 주의 장막에 머무는 자, 주의 성산에 사는 자가 누구인가 질문한다. 질문에 대한 대답은 세상 속에서 하나님의 사람으로 살아갔는지 확인하는 내용이다. 이 자격 조건들은 일터에서 우리 크리스천 직업인들이 갖추어야 할 직업윤리라고 봐도 좋겠다. 하나님의 교회는 모인 교회뿐만 아니라 흩어진 교회의 두 마당 교회로 구성되어 있다. 오늘 우리 한국교회 성도들은 가정과 일터와 사회 속에서 하나님의 자녀로 사명을 다하는 흩어진 교회의 정체를 절대 잃어버려서는 안 된다.

　주의 성산에 사는 자는 먼저 정직하고 공의롭게 행동한다. 진실한 말을 하고 다른 사람을 험담하지 않는다. 정직은 진실한 말로 나타나야 하고 다른 사람을 비방하거나 해를 끼치는 말은 삼가야 한다. 또한 이웃에게 악한 행동을 하지도 않아야 한다고 강조한다. 우리는 우리 주변의 사람들을 사랑해야 한다.

　주의 장막에 머무는 자는 바람직한 안목을 가지고 사람들과 세상을 바라보는 자이다. 주의 성산에 사는 자는 약속을 신실하게 지킨다. 아울러 중요한 금전적인 면에서 크리스천다움을 지키는 사람이 주의 성산에 사는 자이다. 폭리를 취하거나 뇌물을 수수하지 않는다. 이익을 위해 약하고 죄 없는 사람들에게 해를 끼치지 않는다. 주의 장막에 머무는 자, 주의 성산에 사는 자는 과연 누구인가?

　하나님이 진정 기뻐하시는 삶은 교회생활만이 아니라 세상 속에서 하나님의 사람으로 살아가는 것입니다. 일터에서 주의 성산에서 사는 자가 되게 도와주소서.

074 열정보다 중요한 **정직**

> 사독의 아들 아히마아스가 이르되 청하건대 내가 빨리 왕에게 가서 여호와께서 왕의 원수 갚아주신 소식을 전하게 하소서. 왕이 이르되 젊은 압살롬은 잘 있느냐 하니라. 아히마아스가 대답하되 요압이 왕의 종 나를 보낼 때에 크게 소동하는 것을 보았사오나 무슨 일인지 알지 못하였나이다 하니. 사무엘하 18:19,29

직업을 가진 사람들이 성과를 내기 위해 노력하는 것은 당연하다. 그런 열정이 없는 것이 문제이다. 그러나 열정이 거짓과 합해지면 부작용이 생긴다. 다윗 왕이 아들 압살롬의 반역 때 장병들에게 압살롬을 죽이지는 말라고 부탁했다. 그런데 압살롬은 죽었고 전쟁은 다윗 편의 승리로 끝났다. 그때 아히마아스가 승리의 소식을 다윗 왕에게 알리는 전령이 되겠다고 요청했다. 지휘관인 요압 장군이 말리며 구스인 전령을 보냈다. 그러나 아히마아스는 고집을 피우고 다시 요압 장군에게 사정해서 허락을 받고 지름길로 달려 먼저 다윗 왕에게 도착했다.

왕이 전황을 물었을 때 아히마아스는 승전보를 전했다. 이어서 왕이 압살롬의 안부를 묻자 뭔가 큰 일이 있는 것 같았는데, 자기는 잘 알지 못한다고 보고했다. 곧이어 도착한 구스인 전령은 요압에게 명령받은 대로 압살롬의 전사 소식까지 사실을 다 보고했다. 아히마아스에게는 열정이 있었다. 기회를 쟁취하는 근성도 있었고 늦게 출발해도 앞서 도착하는 능력도 있었다.

그러나 한 가지 부족한 것이 있었다. 아히마아스는 정직하지 못했다. 왕이 묻는 내용을 알고 있으면서도 말하지 않은 것도 거짓이다. 왜 이렇게 행동했을까? 그는 좋은 평판을 유지하고 싶었다. 아히마아스는 '좋은 사람'이니 좋은 소식을 가져오는 사람(27절)이라는 평가를 계속 받고 싶었다. 그런데 조금만 생각을 달리해서, 좋은 소식도 있고 안 좋은 소식도 있다고 사실대로 보고했다면 어땠을까? 메신저가 메시지의 내용까지 책임져야 한단 말인가? 열정보다 중요한 것은 정직이다. 우리도 일하면서 욕심을 포기하고 성공의 수준을 낮추어서라도 정직하자.

>>> 일하는 사람의 기도

하나님, 일하는 사람으로서 능력을 발휘하며 인정받기를 원합니다. 그런데 정직하게 하소서. 정직하지 못한 능력자를 하나님이 기뻐하시지 않음을 기억하게 하소서.

거룩을 실천하는
착한 행실

오직 너희를 부르신 거룩한 이처럼 너희도 모든 행실에 거룩한 자가 되라. 기록되었으되 내가 거룩하니 너희도 거룩할지어다 하셨느니라. 베드로전서 1:15-16. 이같이 너희 빛이 사람 앞에 비치게 하여 그들로 너희 착한 행실을 보고 하늘에 계신 너희 아버지께 영광을 돌리게 하라. 마태복음 5:16

우리 크리스천 직업인들은 세상에서 살아간다. 우리의 독특한 정체는 바로 하나님의 자녀라는 것이다. 이 정체는 우리에게 일종의 부담감을 준다. 그것은 한마디로 '거룩함' 이다. 하나님의 거룩함을 닮아 우리도 세상에서 거룩한 자가 되어야 한다는 명령이다. 레위기에서 여러 차례 반복하는 대로 "내가 거룩하니 너희도 거룩할지어다"라는 명령을 지키며 살아야 한다는 것이다. 물론 이 거룩함은 종교적인 겉치레를 말하는 것은 아니다. 하나님의 거룩하심을 닮은 진정한 영성을 보여야 한다. 사도 베드로가 강조하는 영성이 바로 모든 행실에 거룩한 자가 되는 것이다.

그러면 일터에서 하나님의 자녀로 거룩하게 사는 것은 구체적으로 어떤 것일까? 예수님이 산상수훈에서 해답을 제시하신다. 예수님은 우리가 소금과 빛의 삶을 살아야 한다고 말씀하신다. 세상의 소금으로 맛을 내고 부패를 방지하는 역할을 하라고 하신다. 또한 어두운 세상에서 빛의 역할을 다해야 한다고 하신다. 이렇게 빛과 소금 된 삶을 사는 방법은 무엇인가? 그 답은 바로 "착한 행실"(마 5:16)이다.

우리가 일터에서 하나님의 자녀로 살아간다면 우리는 당연하게 착한 행실을 보여줄 수 있어야 한다. 마음만으로는 안 되고 행동으로 보여서 우리 일터의 사람들에게 구체적인 유익을 주고 감동하게 해야 한다. 그래야 우리 일터의 동료들이 우리의 착한 행실을 보고 하나님에게 영광을 돌리게 된다. '아, 이 예수 믿는 사람이 우리 직장에 있으니까 내가 이런 덕을 보네. 어, 그것 참 괜찮네!' 우리 동료들이 하나님에게 영광을 돌린다면 이렇게 감동하지 않을까? 이런 착한 행실이 바로 우리의 전도가 될 것이고, 우리 크리스천들의 정체성을 드러내는 기회가 될 것이다.

>>> 일하는 사람의 기도

아버지 하나님의 명예를 걸고 일터에서 최선을 다하겠습니다. 하나님의 자녀답게 거룩한 삶을 살아가겠습니다. 착한 행실을 보일 수 있는 실행의 믿음을 주소서.

치열하게 **하나님의 뜻을** 분별하라

너희는 이 세대를 본받지 말고 오직 마음을 새롭게 함으로 변화를 받아 하나님의 선하시고 기뻐하시고 온전하신 뜻이 무엇인지 분별하도록 하라. 로마서 12:2

로마서에서 복음을 설명한 후 실제적인 삶에 대한 교훈을 시작하면서 바울은 하나님이 기뻐하시는 거룩한 산 제물을 드려야 한다고 강조한다(롬 12:1). 우리가 그리스도의 희생제물 되심, 즉 십자가 죽음으로 인해 구원을 받았듯이 우리가 거룩한 살아 있는 제물이 되어 희생해야 한다는 것이다. 이렇게 되기 위해 우리는 세상의 가치관과 악한 관행들을 본받지 말고 새롭고 변화된 마음으로 하나님의 뜻을 찾아야 한다.

중국 쑤저우에 있는 우리나라의 한 전자회사 자재구매 담당 책임자로 일하는 크리스천이 경험한 일이다. 노트북 케이스를 새로 구매하려고 우수한 제품을 만드는 대만 타이중에 있는 회사에 연락을 했다. 그런데 과거에 안 좋은 일이 있어서 더 이상 거래를 하지 않는다고 했다. 꼭 만나고 싶다고 부탁하고 기도하며 찾아가서 사장님을 만났을 때, 그는 회사의 이름을 말했다. 그러자 사장님은 직원들에게 절대로 물건을 주지 말라고 화를 내면서 나가버렸다. 그 자리에 있던 대만 회사의 한 직원이 담배 갑을 건네면서 담배를 피우라고 하기에 돌려주며 이렇게 말했다. "저는 리얼 크리스천(real christian)이어서 술과 담배를 않고, 성적 순결을 지키며, 거짓말을 하지 않습니다. 그래서 제가 거짓말을 할 수 없어 사장님에게 우리 회사 이름을 말했습니다. 만남을 주선해줘서 정말 감사하고 또한 죄송합니다."

그리고 돌아가려고 나왔는데, 회사 건물을 벗어나지 않았을 때 한 직원이 달려와 말했다. "당신이 리얼 크리스천이라고 사장님께 말씀드렸습니다. 왜냐하면 우리 사장님이 당신과 같은 리얼 크리스천이기 때문입니다. 다시 한 번 만나자고 하십니다." 그래서 결국 그 회사의 노트북 케이스를 구매할 수 있게 되었다고 한다. 우리가 하나님의 뜻을 찾으면서 노력하면 하나님이 이런 방법으로도 길을 열어주신다. 적당히 타협하면서 일하려 하지 말고 변화받은 마음으로 일하려는 열정이 필요하다.

>>> 일하는 사람의 기도
하나님, 일하며 하나님의 뜻을 찾을 수 있게 도와주소서. 말씀을 의지하여 결정하고 실천할 수 있는 용기를 주시고 하나님이 선한 길을 열어주시길 원합니다.

077

세상의 악과 맞서 싸우는 몇 사람인가?

그러나 사데에 그 옷을 더럽히지 아니한 자 몇 명이 네게 있어 흰 옷을 입고 나와 함께 다니리니 그들은 합당한 자인 연고라. 요한계시록 3:4

소아시아 일곱 교회 중 사데교회에 보내신 예수님의 편지에서 성도들조차 세상의 유혹에 빠져 허우적거림을 안타까워하시는 주님의 모습을 볼 수 있다. 살았다는 이름을 가졌으나 죽은 자라고 개탄하며 온전한 행위를 찾아보지 못했다고 지적하신다. 사데는 양털 염색공업이 발달하고 사금천이 흐르고 있어서 매우 부유했고, 상업과 교통의 중심지이기도 했다. 그래서인지 사데 시민들은 사치와 향락에 빠졌고, 도덕적으로도 매우 타락한 모습을 보였다. 사데 사람들의 퇴폐풍조가 교회에도 숨어들어왔던 것이다.

그들에게 회개하라고 촉구하시는 예수님은(계 3:1-3) 사데교회의 몇 명 안 되는 사람들이 그 옷을 더럽히지 않고 깨끗한 삶을 살았던 것을 기특해하신다. 그런데 흔히 성도들이 세상에서 나타내야 할 '깨끗함'은 죄악에 물들지 않으려고 피하는 수동적인 방어의 자세라고 생각하기 쉽다. 우리가 유지해야 할 순결에 그런

방어적인 요소가 없지는 않다.

하지만 수동적인 자세에 머물지 말고 크리스쳔들이 세상에서 깨끗함을 드러내는 것을 먼저 염두에 두어야 한다. 크리스쳔다운 적극적인 순결의 실천을 우리만의 능력으로 삼는 노력이 필요하다. 세상의 죄악과 대조되는 깨끗함은 능력이다. 칭찬 들을 만한 미덕이고, 우리 크리스쳔 직업인들만의 고유한 캐릭터일 수 있어야 한다. 우리는 깨끗함만으로도 세상에서 성공하는 삶을 살 수 있다. 예수님이 빛과 소금의 삶을 강조하시는 것이 바로 이런 삶이다(마 5:13-16). 착한 행실을 통해 우리 크리스쳔들의 참된 능력을 세상에 보여줄 수 있어야 한다. 그러면 천국에서 흰옷을 입고 예수님과 함께 다닐 수 있다.

세상의 모든 악과 맞서 싸워 '이기는 자는 이와 같이 흰 옷을 입을 것"(계 3:5)이라그 약속하셨습니다. 세상의 악과 담대하게 맞서 싸워 이길 수 있는 믿음과 용기를 허락해주소서.

078

우리도 **정직**하기 위하여!

속이는 저울은 여호와께서 미워하시나 공평한 추는 그가 기뻐하시느니라. 완전한 자의 공의는 자기의 길을 곧게 하려니와 악한 자는 자기의 악으로 말미암아 넘어지리라. 정직한 자의 공의는 자기를 건지려니와 사악한 자는 자기의 악에 잡히리라. 잠언 11:1,5-6

미국에서 1990년대에 윤리 경영의 붐이 한차례 휩쓸고 지나간 후 우리나라도 2000년경부터 기업들이 '기업윤리 선언'을 하며 윤리 경영을 해오고 있다. 물론 하루아침에 선언만 한다고 해서 윤리경영이 뿌리내리는 것은 아니다. 부단한 노력이 필요하다. 「GOD is my CEO」라는 책의 추천사를 쓴 가톨릭대학교 이동현 교수의 글을 보니 이웃나라 일본에서도 기업들의 해이해진 비윤리적인 사건들이 많이 있었다. 우유 저장탱크의 청소를 소홀히 해서 1만 5천 명이 식중독에 걸리게 한 유키지루시 유업사건이 있었다. 자동차의 결함을 알고도 숨겨온 미쓰비시 자동차, 원자력 발전소 부품 균열을 은폐한 도쿄전력 등 하나같이 일본을 대표하는 기업들이 성실과 정직이라는 경제의 기둥을 흔들었다고 한다.

미국도 크게 다르지 않았다. 미국과 전 세계를 떠들썩하게 했던 엔론사태는 심각했다. 거대한 에너지기업이었던 엔론사가 행한 방대한 규모의 회계 부정은 회사를 몰락시켰고, 수천 명의 사람들이 실직했으며, 심지어 자살하는 사람들도 나오는 재앙을 낳았다. 그러나 남의 이야기만이 아니다. 우리나라도 기업체의 비리, 관공서와 결탁한 비리가 끊이지 않고, 학교, 병원, 심지어 교회의 비리 소식도 연이어 들린다.

잠언 기자가 이야기하는 완전한 자의 공의, 정직한 자의 공의에 주목해야 한다. 하나님은 속이는 저울을 미워하신다. 우월감을 가지고 탐욕에 빠진 사람이 정직하지 못한 길을 선택한다. 자신은 잘하는 것이라 생각해도 그런 불의한 길의 끝은 멸망이다. 악한 자는 자기 악으로 인해서 넘어지게 될 것이라고 말한다. 자기 악에 잡힐 것이라고 한다. 제 꾀에 제가 넘어가는 형국이다. 우리가 택할 길은 정직함이다. 작은 일부터 실천할 수 있는 용기가 우리에게 필요하다.

정직하게 일하도록 도와주소서. 저의 성실함이 저의 인생에서 지속되어 사람들을 감화시키고, 일터의 분위기를 바꾸며, 결국 세상이 변화되게 인도해주소서.

묵묵히 **바른 길을** 걷게 하소서!

요담이 그의 하나님 여호와 앞에서 바른 길을 걸었으므로 점점 강하여 졌더라. 역대하 27:6

「일의 즐거움」이라는 책을 쓴 데니스 바케는 세계 최대의 발전 소 기업인 AES를 창업해서 경영했다. 그는 기업의 공유 가치를 네 가지로 정했는데, 그중 첫째가 바로 온전함(Integrity)이다. 이렇게 온전한 정직을 핵심 가치로 삼았는데, 그 가치를 실제로 기업의 현장에서 실현했다는 점이 매우 인상적이다. 데니스 바케 는 기업이 정직하게 기업활동을 하는 것이 비즈니스에 실제적인 도움이 되기 때문에 해야 하는 것은 아니라고 말한다. 그러면 무 엇 때문에 정직해야 하는가? 하나님이 우리에게 주신 그 가치들 이 옳기 때문에 그 가치를 따라 정직해야 한다고 말한다.

유다 왕국을 오랫동안 다스리며 비교적 하나님이 보시기에 바 르게 정치했던 웃시야 왕의 뒤를 이어 아들인 요담 왕이 등극했 다. 그는 25세에 왕위에 올랐고, 16년 간 유다를 다스렸는데 아 버지를 본받아 선정을 펼쳤다. 요담은 진실하게 유다 왕국의 개혁과 부흥을 위해 노력했다. 그러나 백성들은 여전히 부패했다. 그런데 요담 왕의 치적을 기록하면서 역대기를 쓴 역사가는 이렇게 평가했다. "요담이 그의 하나님 여호와 앞에서 바른 길을 걸었으므로 점점 강하여졌더라." 흔든 여건 가운데서도 요담은 바른 길을 걷기 위해 노력했다. 그런데 하룻밤 자고 일어나니 정직하려고 애쓴 노력이 큰 열매를 맺는 기적이 일어나지는 않았다. 그래서 답답했을 것이다. 그러나 요담은 점점 강해졌다.

우리도 정도(正道)를 걸으면 그 자체도 쉽지 않고 당장 결과가 나타나지 않아 답답할 수 있다. 그런데 우리 크리스천들은 이 세상에서 우리에게 모든 상급이 다 주어지지는 않는다는 사실을 잘 알고 있는 사람들이다. 천국 상급이 있지 않은가? 그러기에 우리는 크리스천답게 정도를 걷는 노력을 하면서 기다려야 한다. 세상이 알아주지 않아도 우리의 노력을 주님이 기쁘게 보실 것이다.

>>> 일하는 사람의 기도
세상에 대해 실망하지 않게 하소서. 악한 세상이지만 크리스천의 정체성을 분명히 드러내며 정도를 걸을 수 있게 하소서. 그래서 결국 강해지게 하소서.

남다른 능력으로
크리스천답게 성공하라

결국 **성공**하게 하소서

그랄 목자들이 이삭의 목자와 다투어 이르되 이 물은 우리의 것이라 하매 이삭이 그 다툼으로 말미암아 그 우물 이름을 에섹이라 하였으며 또 다른 우물을 팠더니 그들이 또 다투므로 그 이름을 싯나라 하였으며 그 날에 이삭의 종들이 자기들이 판 우물에 대하여 이삭에게 와서 알리어 이르되 우리가 물을 얻었나이다 하매. 창세기 26:20-21,32

크리스천다운 비즈니스의 성공 모델이 성경에 나올까? 우물 빼앗기 경쟁에 내몰렸던 이삭의 에피소드에서 비즈니스 성공의 사례를 발견할 수 있다. 그랄 땅에 머물던 이삭은 그 땅 사람들의 시기를 받아 우물을 빼앗겼다. 유목을 하는 사람들에게 너무나 중요한 우물을 빼앗긴 후 이삭은 에섹(다툼)이라고 우물의 이름을 짓고는 물러났다. 다른 곳에 가서 우물을 팠으나 또 빼앗겨 그 우물을 싯나(적대)라 이름 짓고 물러났다. 그리고 또 옮겨가서 다른 우물을 팠다. 그랬더니 더 이상 토착민들이 덤비지 않았다. 그 우물의 이름을 르호봇(충분히 넓음)이라고 했다.

그런데 한 번 생각해보라. 이 치열한 투쟁의 과정에서 과연 누가 성공했는가? 남의 우물을 겨속해서 빼앗은 그랄 사람들인가, 아니면 땅을 파면 파는 대로 수맥을 발견한 이삭의 사람들인가? 남의 우물을 빼앗은 사람들이 얻은 비즈니스 지식은 과연 무엇이었을까? 과연 누가 성공한 것인가? 에섹 모델, 싯나 모델, 르호봇 모델, 각각 다른 세 곳에서 수맥을 찾아낸 지식을 확보한 이삭이 어디로 가든지 성공하지 못하겠는가? 1년을 돌아보면 이삭은 망한 것처럼 보인다. 그러나 10년 후, 20년 후에는 틀림없이 이삭이 성공한 사람으로 평가받을 것이다.

이삭은 브엘세바로 옮겨갔는데, 그를 괴롭히던 그랄 왕이 찾아와서 화해를 청했고 평화조약을 맺었다(28절). 바로 그날 이삭의 종들이 와서 보고했다. "우리가 물을 얻었나이다"(32절). 또 우물 파는 일에 성공했다. 이것은 마치 성공이 습관처럼 반복되고 있는 게 아닌가? 세상 속에서 살아가는 으리 크리스천들의 성공은 이렇게 어려움을 겪는 듯하지만 결국 성공하는 것임을 이삭이 보여주고 있다.

당장은 손해 보는 것 같고 크티스천으로 일터현장에서 사는 것이 힘들 때가 있습니다. 이삭이 보여준 '결국 성공하기'를 추구하는 용기와 인내하는 믿음을 져에게 허락해주소서.

허망한 성공 신화를 포기하라

삼손이 여호와께 부르짖어 이르되… 하나님이여 구하옵나니 이번만 나를 강하게 하사 나의 두 눈을 뺀 블레셋 사람에게 원수를 단번에 갚게 하옵소서 하고… 삼손이 이르되 블레셋 사람과 함께 죽기를 원하노라 하고 힘을 다하여 몸을 굽히매 그 집이 곧 무너져… 삼손이 죽을 때에 죽인 자가 살았을 때에 죽인 자보다 더욱 많았더라. 사사기 16:28-30

아프리카 원주민들이 원숭이를 사냥할 때 주둥이가 좁은 병 속에 원숭이가 좋아하는 먹이를 넣어 둔다고 한다. 원숭이가 먹이를 움켜쥐고는 손을 빼려고 안간힘을 쓸 때 달려가서 원숭이를 잡는 것이다. 원숭이는 먹이를 쥐고 있는 손만 펴면 얼마든지 달아날 수 있는데, 욕심 때문에 잡혀 죽는 것이다.

사사였던 삼손도 그렇게 허망한 성공을 좇아 인생을 허비했다. 삼손은 이스라엘의 사사로 20년 동안 활동했지만 이스라엘에 평화를 가져다주지 못했다. 하나님이 주신 힘으로 자신의 정욕을 채우고 원수를 갚는 데나 사용했지, 정작 민족을 위해서나 하나님의 영광을 위해서는 힘을 제대로 사용하지 못했다. 참으로 허망한 성공이 아닐 수 없다.

삼손이 안타까운 삶을 살 수박에 없었던 원인은 무엇인가? 그것은 자기의 욕심을 버릴 수 없었기 때문이다. 혹시 '나는 욕심이 없다'고 생각할지도 모른다. 그런데 혹시 나 보란 듯이 성공해서 내 마음에 상처를 주었던 아무개에게 복수하고 싶은 마음이 우리 안에 도사리고 있지는 않은지 점검해봐야 한다. 옆집 사람보다는 더 낫게 살아야 한다고 자신을 다독이며 채근하는 것도 은근히 성공에 집착하는 탐욕인지 모른다. 동료의 승진과 성공을 기뻐해주지 못하는 마음도 인지상정이긴 하지만 바람직할 수는 없다.

성공에 대한 욕심 때문에 하나님의 뜻을 제대로 이루지 못하는 인생은 삼손과 같이 뭔가 큰일은 하고 죽지만 뭔가 진한 아쉬움이 남게 될 것이다. 성공에 취해 하나님의 뜻을 거부하지 말아야 한다. 하나님이 기뻐하시는 진정한 성공이 무엇인가 수시로 확인하며 마음속의 탐욕을 점검하고 제거해 낼 수 있어야 한다.

>>> 일하는 사람의 기도

제 인생의 비전과 사명을 점검합니다. 성공이라는 목표를 통해 저의 욕심을 이루는 것이 아니라 하나님의 나라를 세우는 비전의 성취를 추구하게 하소서.

Prayer, Planner, Player

주여 구하오니 귀를 기울이사 종의 기도와 주의 이름을 경외하기를 기뻐하는 종들의 기도를 들으시고 오늘 종이 형통하여 이 사람들 앞에서 은혜를 입게 하옵소서 하였나니 그때에 내가 왕의 술 관원이 되었느니라. 왕이 내게 이르시되 그러면 네가 무엇을 원하느냐 하시기로 내가 곧 하늘의 하나님께 묵도하고 왕에게 아뢰되… 나를 유다 땅 나의 조상들의 묘실이 있는 성읍에 보내어 그 성을 건축하게 하옵소서 하였는데.
느헤미야 1:11, 2:4-5

느헤미야는 크리스천 직업인의 멋진 성공을 보여준다. 세속적인 성공주의가 아닌 성경적인 성공을 배울 수 있다. 먼저 느헤미야는 구체적으로 기도했다. 자신이 모시고 있던 아닥사스다 왕에게 호의를 입어서 어려움에 빠진 민족을 구할 수 있게 해달라고 하나님에게 기도했다(1:11). 그때 느헤미야가 왕의 술 관원이 되었다고 한다. 감사한 일이 아닐 수 없다. 이 기도를 통해 승진한 것이라고 볼 수 있다. 느헤미야의 기도는 유다 백성들을 위한 이타적인 목적으로 성공을 바라는 것이었다.

느헤미야는 열심히 기도하면서 노력했다. 예루살렘 성의 불탄

성문을 고치고 무너진 성벽을 다시 쌓아서 민족의 회복을 모색했다. 유다 총독으로 임명받으면 어떻게 할지 치밀하게 계획했다. 그리고 왕 앞에서 근심하는 표정을 보이는 일종의 무례를 저지른 후 왕의 호의로 기회를 잡게 된다(2:1-3). 그때 성벽을 재건하는 기한도 정해놓고 왕이 조치해주어야 할 국경 통과의 문제, 성벽 건축을 위한 좋은 재목의 확보와 같은 여러 문제들을 일사천리로 보고하고 있다. 왕도 허락했다(2:5-8).

이렇게 기도하는 사람, 즉 프레이어(Prayer)는 계획하는 사람, 플래너(Planner)이다. 기도하며 계획하는 사람은 행동한다. 플레이어(Player)가 된다. 실행력은 중요한 능력이다. 느헤미야의 성공에서 우리가 본받아야 할 부분이 바로 이런 점이다. 남다른 헌신과 몰입으로 업무에 매진하면서 사람들을 섬긴 느헤미야는 이렇게 프레이어로, 플래너로, 플레이어로, 3P의 멋진 성공을 보여주었다.

느헤미야처럼 먼저 하나님의 나라와 의를 구하는 참다운 성공을 할 수 있도록 인도해주소서. 기도하며 계획하고 행동하며 멋지게 성공하는 삶을 살게 하소서.

탁월한 업무 능력을 발휘하기 위하여!

> 다니엘은 마음이 민첩하여 총리들과 고관들 위에 뛰어나므로 왕이 그를 세워 전국을 다스리게 하고자 한지라. 이에 총리들과 고관들이 국사에 대하여 다니엘을 고발할 근거를 찾고자 하였으나 아무 근거, 아무 허물도 찾지 못하였으니 이는 그가 충성되어 아무 그릇됨도 없고 아무 허물도 없음이었더라. 다니엘 6:3-4

크리스천 직업인의 모델로 다니엘을 자주 언급하는데, 다니엘은 일터에서 진정한 영향력을 발휘한 사람이었다. 첫째, 다니엘은 탁월한 업무 능력으로 영향력을 발휘했다. 다니엘은 "마음이 민첩하여 총리들과 고관들 위에 뛰어났다"고 기록한다(3절). 우리도 일터에서 업무 능력으로 인정받아야 한다. 나 자신에게 부족한 업무 분야가 무엇인지 파악해야 하고, 무엇보다 장점을 개발해서 업무 능력을 향상시켜야 한다. 그래야 일터에서 영향력을 발휘할 수 있다.

둘째, 다니엘은 윤리적으로 책잡히지 않고 충성을 다하여 자신의 영향력을 뽐냈다. 본토인 총리들을 배제하고 이방인 출신의 총리를 수석총리로 앉히려는 다리오 왕의 인사계획이 있었다. 반발한 두 총리와 그 총리들을 따르는 고관들은 다니엘이 수석총리로 임명받지 못하게 하기 위해 백방으로 노력했다. 그러나 아무런 부정의 근거나 고소의 빌미를 찾을 수 없었다(4절). 예전의 경력 자료도 샅샅이 뒤지며 죄를 찾아내려고 했을 것이다. 그런데도 당시의 법으로 어떤 허물도 찾지 못할 정도로 완벽하게 깨끗했던 다니엘의 삶은 참으로 대단하다.

다니엘의 업무 수행이나 윤리적인 측면에서 허물을 찾지 못한 정적들은 다니엘의 개인적인 생활을 찾잡으려고 했다. "그 하나님의 율법에서 근거를 찾지 못하면 그를 고발할 수 없으리라"(단 6:5)고 말하는 것은 거의 한탄이었다. 더구나 당시의 현행법으로는 다니엘이 하루에 세 번 기도하는 행동을 문제삼을 수 없었다. 그래서 아예 법을 새로 만들어서 다니엘을 함정에 빠뜨리려고 했다. 우리도 다니엘의 철저하고도 고결한 윤리적인 탁월성을 닮을 수 있어야 하겠다.

다니엘처럼 업무 능력에서 탁월하기 위해 노력하겠습니다. 무엇보다 윤리적인 측면에서 탁월한 영성을 발휘하겠습니다. 일터에서 하나님의 사람임을 입증하게 하소서.

크리스천다운
비즈니스 전략

이스라엘 왕이 그들을 보고 엘리사에게 이르되 내 아버지여 내가 치리이까 내가 치리이까 하니 대답하되 치지 마소서. 칼과 활로 사로잡은 자인들 어찌 치리이까. 떡과 물을 그들 앞에 두어 먹고 마시게 하고 그들의 주인에게로 돌려보내소서 하는지라. 열왕기하 6:21-22

일터현장에서 반칙을 하는 사람에게 선지자 엘리사가 아람 군대를 향해 했던 기도를 하고 싶다. "저 무리의 눈을 어둡게 하옵소서!" 하나님이 침략한 아람 군대의 눈을 어둡게 하셨고, 그들은 꼼짝없이 포로가 되었다. 그러나 오늘 우리의 현실에서는 이런 기도가 잘 응답되지 않는 것도 문제이고, 또 이렇게 기도하는 것은 모질고 이기적으로 보이기도 한다. 하지만 내가 반칙을 하면서 상대의 눈을 어둡게 해달라는 것은 못된 기도이지만, 내가 정직하고 반칙하는 사람들에게 공의로운 하나님이 심판해달라고 기도하는 것은 바람직하지 않을까?

또한 우리는 그런 기도만 하고 앉아 있는 것이 아니라 더 적극적으로 대응해야 한다. 선지자 엘리사는 앞을 못 보는 아람의 군인들을 수도 사마리아로 데려갔다. 무장 해제되고 앞도 못 보던 그들이 사마리아 성에 들어가서 눈을 떴을 때 느꼈을 황당함과 두려움은 대단했을 것이다. 이스라엘의 왕이 포로들을 죽일지 엘리사에게 묻자 엘리사는 말한다. "치지 마소서. 칼과 활로 사로잡은 자인들 어찌 치리이까. 떡과 물을 그들 앞에 두어 먹고 마시게 하고 그들의 주인에게로 돌려보내소서." 이스라엘 왕은 선지자의 말대로 그들을 선대했다.

반칙으로 선전포고도 없이 기습해온 아람의 군대를 이렇게 대접해서 돌려보낸 엘리사의 전략은 오늘 우리가 적용할 만한 비즈니스 전략이다. '평화적 윈윈 비즈니스 전략'이라고 이름을 붙여 본다. 크리스천다운 전략이다. 당장은 지는 것 같고 답답한 것 같으나 끝내 이기는 전략이다. 놀라운 사실은 아람 군대를 선대한 일이 있은 후 아람의 군대가 다시는 이스라엘 땅을 침범하지 못한 것이다(23절). 반칙하는 상대를 제압하는 방법은 세상처럼 더 강한 반칙으로 대응하는 것은 절대 아니다.

세상에서 정당하게 승리할 수 있는 크리스천다운 비즈니스 전략을 찾고 있습니다. 엘리사처럼 지금 당장 이기지 못하더라도 끝내 이길 줄 믿고 용기를 내게 도와주소서.

하나님의 영에 감동된 사람

바로가 그의 신하들에게 이르되 이와 같이 하나님의 영에 감동된 사람을 우리가 어찌 찾을 수 있으리요 하고 요셉에게 이르되 하나님이 이 모든 것을 네게 보이셨으니 너와 같이 명철하고 지혜 있는 자가 없도다. 창세기 41:38-39

애굽 왕 바로가 요셉을 총리로 임명하게 되는 이 상황을 생각하면 통쾌함을 느낀다. 당시 세계최대 최강제국을 다스리던 이집트의 왕 바로가 마치 탄식하듯이 고백한다. "이와 같이 하나님의 영에 감동된 사람을 우리가 어찌 찾을 수 있으리요!" 우리가 잘 알고 있듯이 요셉은 애굽의 국가적 위기 상황에 혜성같이 등장한 구원자였다. 애굽 왕 바로가 미래에 대한 범상치 않은 꿈을 꾸었으나 아무도 해석하지 못할 때 요셉이 등장하여 '칠풍칠흉 대비 서바이벌 프로젝트'라는 멋진 기획서를 바로 왕 앞에 제시했다. 그래서 바로가 신하들에게 탄성처럼 외친다. "이와 같이 하나님의 영에 감동된 사람을 우리가 어찌 찾을 수 있으리요!"

요셉이 보여준 지혜를 보고 바로 왕은 하나님이 주신 능력이라는 점을 시인한 것이다. 바로 왕이 그동안 신하들의 기획서를 얼마나 많이 받아봤겠는가? 척 보면 알았을 것이다. 그런데 요셉이 제안한 정책은 자기의 신하인 보디발 친위대장 집에서 10년간 노예생활을 하고, 또 한 3년간 감옥 안에서 지냈던 나이 서른의 이방인 청년의 머릿속에서 나올 수 있는 내용이 아니었다. 그래서 말한다. "하나님이 이 모든 것을 네게 보이셨으니 너와 같이 명철하고 지혜 있는 자가 없도다." 탄식처럼 외친다. 요셉의 예지 능력과 해결책 제안이 하나님에게서 나온 것임을 고백했다.

"하나님의 영"이라고 하면 대부분의 사람들이 종교적인 측면을 생각한다. 그러나 실제로 성령은 일상생활 속에서, 더 구체적으로는 직장에서 맡은 일을 해나갈 때 우리에게 영향을 미치신다. 하나님의 영이 함께하시면 문제 해결이 필요할 때 구체적인 해답을 얻을 수 있다. 성령이 역사하여 사람들에게 능력을 인정받는 것은 얼마나 통쾌한 일인가? 성령 충만함을 위해 기도하면서 노력하자.

>>> 일하는 사람의 기도

요셉과 브살렐과 성경의 많은 인물들에게 역사하신 성령의 충만함이 제게도 임하게 하소서. 저의 일을 통해 사람들을 기쁘고 유익하게 할 수 있도록 인도해주소서.

086

승진 경쟁에서 배우는
비움의 영성

그는 근본 하나님의 본체시나 하나님과 동등됨을 취할 것으로 여기지 아니하시고 오히려 자기를 비워 종의 형체를 가지사 사람들과 같이 되셨고. 빌립보서 2:6-7

승진을 포기했던 직장인을 아는가? 다니엘은 기도 금지법령이 반포되었는데도 하나님에게 기도하기를 멈추지 않았다. 자신의 경건생활을 잘 보여주었다. 그런데 일터현장의 관점으로 다니엘의 행동을 살펴보면 그런 결정을 과감하게 할 수 있었던 것은 수석총리로 승진하려는 욕심을 포기했기 때문이라고 볼 수 있다. 한 달간만 기도를 참으면 당시 세계 최강제국의 총리 자리가 그에게 돌아오는 것이었다. 그런 기회를 포기한 것은 결국 다니엘이 승진에 목매지 않고 의연했다는 것이다.

구약성경에 나오는 요셉이나 느헤미야, 아합 왕 시대의 오바댜 등은 고위관리로 승진한 사람들로서 그들은 자신들의 지위가 가져다주는 권력과 영향력을 통해서 하나님의 나라를 위해 많은 일을 했다. 우리도 승진하여 지위를 통해 하나님의 나라를 세우는 일을 할 수 있다. 그러나 문제는 승진하려는 욕심이다. 승진을 놓고 정상적이지 못한 방법으로 암투하는 것은 옳지 못하다. 능력 있고 리더십 있는 사람들이 승진하면 좋지만 그렇지 못한 것이 문제인데, 그 승진의 상황에서 우리도 네거티브 전략을 쓰는 동료들과 동일한 방법으로 다툼을 벌이면 문제가 더욱 커진다.

우리는 예수님의 영성을 배워야 한다. 본래 하나님이셨던 예수님이 낮고 천한 곳으로 친히 내려오신 '비움의 영성'을 본받기 위해 노력해야 한다. 다니엘이 보여준 영성은 바로 예수님의 성육신을 잘 보여주는 것이다. 예수님은 하나님과 동등한 자리에서 스스로 자기를 비워 종의 모습으로 오셨다는 점을 우리는 분명히 기억해야 한다. 성육신의 영성, 비움의 영성을 우리가 예수님에게 배우려고 노력한다면 우리는 진정한 승진, 하나님이 높여주시는 승진을 할 수 있다. 지금 승진하지 못하더라도 나중에 할 수 있을 것이니 조바심을 덜 낼 수 있다. 이 땅에서 받지 못하면 천국 상급으로는 확실히 받을 것이다.

다니엘처럼 자신의 지위와 권력이 모두 주님의 것이라고 고백할 수 있는 믿음을 주소서. 승진에서도 크리스천다움을 보일 수 있기를 소원합니다.

'어딜 가나 **총무**'
'나라 **총무**' 되다!

요셉이 그의 주인에게 은혜를 입어 섬기매 그가 요셉을 가정총무로 삼고 자기의 소유를 다 그의 손에 위탁하니 그가 요셉에게 자기의 집과 그의 모든 소유물을 주관하게 한 때부터 여호와께서 요셉을 위하여 그 애굽 사람의 집에 복을 내리시므로 여호와의 복이 그의 집과 밭에 있는 모든 소유에 미친지라. 창세기 39:4-5

전에 총무팀에서 일하는 한 직원이 사목인 나를 찾아와 '자신만 할 줄 아는 일이 아니라 누구나 할 수 있는 일'을 한다고 하소연했다. 그는 자신의 일을 '해도 별로 표 안 나는 일이고 하지 않으면 금방 표가 나는 일'이라고 정리했다. 그때 나는 그 직원에게 요셉 이야기를 해주었다. 요셉의 별명은 아마도 '어딜 가나 총무'였을 것이다. 집에서 가업인 목동의 일을 할 때도 요셉은 온갖 일을 도맡아 관리하고 책임을 맡는 총무였다. 형들이 일하면서 저지른 과실도 그냥 봐주지 않고 아버지에게 다 일러바쳤다. 그로 인해 미움을 받으면서도 말이다. 애굽에 노예로 팔려가 친위대장 보디발의 집에서 일할 때도 성실하게 일해서 가정총무가 되었다.

그러다가 어느 날 요셉은 잘못도 없이 모함을 받아 감옥에 갇히게 되었는데, 그곳에서도 신임을 얻어서 감옥총무의 일을 감당했다(22-23절). 그러니 요셉은 어디를 가나 총무만 한 사람이다! 자기에게 주어진 총무의 역할을 잘 감당한 요셉에게 어느 날 당시 세계최대 최강제국 애굽의 '나라 총무' 라는 책임이 맡겨졌다.

당신은 오늘 당신의 일터에서 동료들은 하기 싫어하는 뒤치다꺼리를 감당하면서 답답한가? 오늘 일터에서 귀찮지만 총무의 역할을 다하면 뒷날 하나님이 더 큰 마당에서 총무로 일하도록 나의 일자리를 준비해주시지 않을까? 오늘 내가 하는 일, 그 자체가 참으로 귀하고 의미 있는 일이다. 누구나 할 수 있는 일도 뭔가 남다르게 하는 사람이라는 평가를 받을 수 있도록 노력하자. 하나님이 보고 계시고, 동료들도 지켜볼 것이다. 우리의 고객들도 평가해줄 것이다.

>>> 일하는 사람의 기도

오늘 제게 맡겨진 일에 최선을 다하겠습니다. 저의 삶의 마당에서 총무의 역할을 잘 감당해서 하나님의 나라를 세우는 귀한 총무가 될 수 있게 인도해주소서.

088 '소외의 풀밭'에서 **준비**하라!

또 사무엘이 이새에게 이르되 네 아들들이 다 여기 있느냐. 이새가 이르되 아직 막내가 남았는데 그는 양을 지키나이다. …그를 데려오매 그의 빛이 붉고 눈이 빼어나고 얼굴이 아름답더라. 여호와께서 이르시되 이가 그니 일어나 기름을 부으라 하시는지라. …이날 이후로 다윗이 여호와의 영에게 크게 감동되니라. 사무엘상 16:11-13

하나님의 명령을 받고 선지자 사무엘이 차기 왕 후보에게 기름을 붓기 위해 베들레헴에 온 날, 다윗은 아예 그 모임에 참석도 못했다. 물론 양을 돌보는 일은 집안의 '막내'가 하는 일이었지만 들판에서 양을 지키던 다윗은 서운한 생각이 들지 않았을까? 하지만 다윗은 애써 이렇게 생각했을 것이다. '그래, 나 혼자 일하고 있지만 이 일의 책임자는 바로 나다! 난 일이나 하는 사람이 아니다. 나는 나만 할 수 있는 일을 하는 사람이다! 일곱 명의 형들보다 이 일을 오래 했으니 나는 이 일의 전문가다!'

오늘 어렵고 불리하고 소외된 환경만 바라보고 눈물짓거나 부정적인 사고의 늪에 빠져 있으면 안 된다. "나는 안 돼! 다 포기해야 해." 이렇게 말하면 정말 안 된다. 눈 한 번 질끈 감고 애써서 "나는 된다. 안 될 이유가 없다. 긍정적으로 생각하고 내가 되게 하자!" 이렇게 말하고 의도적으로 노력해야 한다. 말이 그 사람의 전부는 아니다. 그러나 그 사람이 한 말은 그 사람의 생각을 그대로 보여주는 거울이기에 우리는 특별히 애써서 긍정적인 생각을 하고 말로 표현할 수 있어야 한다.

중요한 사실이 있었다. 왕 후보를 뽑는 자리에 처음에는 부름 받지도 못한 다윗이었지만 다윗은 이미 준비된 사람이었다. 아버지의 말대로 다윗은 양을 지키는 일을 하고 있었다. 양들을 오래 돌보면서 다윗은 물매를 잘 던지는 목자의 전문성으로 준비되었다. 수금 연주도 잘하게 되었다. 그래서 골리앗을 만나 물맷돌을 던져서 죽였고, 사울 왕의 악사 겸 비서가 되어 궁궐생활을 하게 되었다. 다윗의 인생에서 중요한 사람들을 만나기 위한 전문성을 다윗은 소외의 풀밭에서 확보했다. 오늘 소외의 풀밭에서 당신은 무엇을 준비하고 있는가?

소외되고 힘든 일이 있더라도 낙심하고 주저앉아 있지 않겠습니다. 다윗처럼 소외의 풀밭에서 저의 전문성과 개인기를 준비하는 직업인이 되게 도와주소서

참된 **성공**의 비결,
일하는 **지혜**

> 솔로몬 왕의 재산과 지혜가 천하의 모든 왕들보다 큰지라. 천하의 열왕이 하나님께서 솔로몬의 마음에 주신 지혜를 들으며 그의 얼굴을 보기 원하여 각기 예물을 가지고 왔으니 곧 은 그릇과 금 그릇과 의복과 갑옷과 향품과 말과 노새라. 해마다 정한 수가 있었더라. 역대하 9:22-24

세상을 살아가는 많은 사람들, 특히 일하는 사람들이 원하는 것은 성공이 아닐까? 그런데 성공의 진정한 비결을 솔로몬 왕에게서 찾을 수 있다. 솔로몬 왕의 인생에 대해 재산과 지혜가 천하의 모든 왕보다 컸다고 표현한다(22절). 그의 재산에 대해서 상세하게 묘사하지만 솔로몬이 성공한 사람이 된 진정한 요인은 바로 그의 '지혜'였다. 솔로몬이 왕위에 오른 지 얼마 되지 않았을 때 하나님에게 구한 것이 바로 지혜였다(왕상 3:5-10). 솔로몬의 기도가 하나님의 마음에 맞았다고 한다. 하나님은 솔로몬이 구하지도 않은 부(富)와 인생의 성공과 영광도 주셨다.

솔로몬이 구해서 받은 것은 무엇인가? 바로 그가 하는 일에 필요한 지혜였다. 이 지혜가 솔로몬의 인생을 성공한 인생이라고 평가할 수 있는 근거이자 비결이다. 솔로몬은 우리 직장인들의 자기 계발을 위한 기도의 좋은 모델을 보여준다. 그는 하나님이 자신에게 주신 비전, 즉 이스라엘의 왕으로서 할 일이 무엇인지 알았다. 그래서 백성들을 재판하고 제대로 판단하고 이끌기 위해 듣는 마음, 즉 경청하는 지혜를 달라고 기도했던 것이다. 이런 기도가 하나님의 마음에 맞았다.

성공하기 원하는가? 세상의 기준에 따라 성공의 결과로 보이는 것들을 목표로 삼지 마라. 그보다 하나님이 내게 하라고 하신 바로 그 일을 잘 찾고, 그 일을 잘하기 위한 지혜를 얻기 위해 노력해야 한다. 그 사명을 다할 때 하나님이 우리에게 필요한 것들을 공급해주실 것이다. 예수님이 산상수훈에서 하신 말씀을 기억하는가? "너희는 먼저 그의 나라와 그의 의를 구하라. 그리하면 이 모든 것을 너희에게 더하시리라"(마 6:33). 우리는 솔로몬에게서 진정한 성공의 비결을 배울 수 있다.

>>> 일하는 사람의 기도
제가 하는 일을 하나님이 기뻐하시는 만큼 잘할 수 있는 지혜를 주시기 원합니다. 참다운 지혜를 가지고 일하여 하나님에게 온전히 영광을 돌리는 삶을 살게 하소서.

사람을 살리는
지혜로운 결정

왕이 이르되 이 여자는 말하기를 산 것은 내 아들이요 죽은 것은 네 아들이라 하고 저 여자는 말하기를 아니라 죽은 것이 네 아들이요 산 것이 내 아들이라 하는도다 하고 또 이르되 칼을 내게로 가져오라 하니 칼을 왕 앞으로 가져온지라. 왕이 이르되 산 아이를 둘로 나누어 반은 이 여자에게 주고 반은 저 여자에게 주라. 열왕기상 3:23-25

'거리의 여인' 두 사람이 산 아이와 죽은 아이를 데리고 와서 서로 자기 아이는 살아 있는 아이라고 주장했다. 만약 당신이라면 어떻게 판결하겠는가? 솔로몬 왕의 집권 초기에 신하들이나 백성들이 자신을 주목하고 있는 상황이었다. 요즘 같으면 간단하게 풀릴 문제였다. "유전자 검사를 해보거라." 이 문제를 솔로몬 왕은 이야기를 잘 들으면서 판단했다. 왜 한 여인은 죽은 피붙이인 자기 아들 대신에 살아 있는 남의 아들을 훔쳐다가 자기 아이라고 우기는지 생각했다.

솔로몬은 진정한 모성애를 어떤 여인이 가지고 있는지 파악하면서 판단을 내리고 있었다. 이제 그 판단을 공개적으로 확인시켜야 할 필요가 있었다. 그 방법이 지혜로웠다. 한 아이가 죽어서 생긴 문제이니 위로를 해야 할 텐데 오히려 '칼'을 들어 산 아이도 죽여서 나누라고 판결했다. 이 이야기를 듣고 있던 사람들 모두가 경악했을 것이지만 솔로몬은 그 충격에 대해 무조건반사와 같이 반응하는 친어머니의 모성을 확인하려고 했다.

역발상과 충격으로 사람들을 놀라게 한 솔로몬 덕분에 결국 산 아이의 진짜 엄마는 자기 아이를 찾았다. 그런데 솔로몬의 이 결정은 여러 사람들을 살린 것이다. 살아 있는 아이나 그 어머니뿐만 아니라 결국 산 아이를 가로채려한 여인도 살리려는 것이었다. 그 여인도 자기 죄에 대한 대가를 받고 돌이켜야 결국 사람답게 살 수 있었을 것이다. 또한 그 재판을 본 모든 사람을 살리는 결정이었다. 지혜로운 왕을 만나 제대로 된 결정과 선택을 보장받은 백성들에게는 인생이 얼마나 살맛났겠는가? 우리가 일터에서 선택을 하거나 결정을 할 때도 이렇게 결국 사람들을 살리는 지혜로운 결정을 할 수 있어야 한다. 지혜가 필요하다.

하나님, 저도 사람을 살리는 지혜로운 결정을 할 수 있도록 도와주소서. 솔로몬에게 주셨던 지혜를 저에게도 주셔서 많은 사람들을 살릴 수 있도록 인도해주소서.

일터를 천국으로 바꾸는
일터사역자

당신에게
'매력'이 있는가?

> 믿는 사람이 다 함께 있어 모든 물건을 서로 통용하고 또 재산과 소유를 팔아 각 사람의 필요를 따라 나눠주며 날마다 마음을 같이하여 성전에 모이기를 힘쓰고 집에서 떡을 떼며 기쁨과 순전한 마음으로 음식을 먹고 하나님을 찬미하며 또 온 백성에게 칭송을 받으니 주께서 구원받는 사람을 날마다 더하게 하시니라. 사도행전 2:44-47

일하며 만나는 사람들 중에 매력 있는 사람들이 있는가? 1세기에 예루살렘에 모인 초대교회 성도들이 매력 있는 사람들이었다고 묘사한다. 그들은 교회에 모여서 사도의 가르침을 받고 교제하면서 기도하기를 힘썼다. 모인 교회에서 우리가 보여주는 종교적인 영성과 경건의 모습이다. 또한 물건을 통용하고 재산을 팔아 나눠주는 아름다운 사랑도 실천했다. 그런데 그들이 성전과 가정에 모여 있을 때만 그렇게 칭찬받을 일을 한 것이 아니다. 온 백성, 즉 교회 밖의 사람들에게도 칭송을 받았다고 한다. 이것은 쉬운 일이 아니다. 이런 현상의 결과로 주께서 구원받는 사람을 날마다 더하게 하셨다고 한다.

오늘 우리 한국교회는 위기에 처해 있다. 그것은 누구나 느끼고 있다. 사람들이 예수님을 믿는 우리를 별로 부러워하지 않는 이유가 무엇인가? 우리의 신앙생활이 교회 안에서 끝난다고 생각하기 때문이다. 그런데 흩어진 교회가 있다. 가정과 일터와 학교와 세상에서도 역시 하나님의 사람으로 살아가야 한다. 우리의 일터 동료들에게 크리스천다운 사람이라는 칭찬을 받을 수 있어야 했다. 그런데 우리가 그렇게 매력 있는 사람이라고 평가받지 못한 것이다.

특히 우리는 크리스천으로서 일터에서 사람들의 칭찬을 받아야 한다. 함께 일하는 믿지 않는 동료들뿐만 아니라 일과 관련해서 만나는 거래처 사람들, 고객들에게도 칭찬을 받아야 한다. 뭔가 다른 매력을 보여서 그들이 우리를 부러워하게 해야 한다. "저 멋진 사람이 믿는 예수라면 나도 한 번 믿어보자!" 이런 탄성이 절로 나오게 하는 것은 바람직한 전도가 아닐 수 없다. 이런 전도야말로 '매력 전도'이다.

일터에서 자신 있고 바람직한 모습으로 일하겠습니다. 사람들이 저를 부러워할 수 있도록 노력하겠습니다. 사람들에게 매력 있는 사람이 될 수 있도록 인도해주소서.

복음을 전하라!
필요하면 말로!

사람이 등불을 켜서 말 아래에 두지 아니하고 등경 위에 두나니 이러므로 집 안 모든 사람에게 비치느니라. 이같이 너희 빛이 사람 앞에 비치게 하여 그들로 너희 착한 행실을 보고 하늘에 계신 너희 아버지께 영광을 돌리게 하라. 마태복음 5:15-16

일터를 21세기 전도의 황금어장이라고 말하지만 일터는 전도하기가 그리 쉬운 곳은 아니다. 혁신을 외치지만 보수적이고 개인주의가 만연한 곳이기도 하다. 크리스천으로서 감당하기 힘든 독특한 일터문화가 있다. 이런 일터에서 우리는 '관계전도'를 해야 하는데, 예수님이 말씀하신 것처럼 "착한 행실"을 통해 빛과 소금으로 드러나야만 한다. 특히 일터에서 착한 행실을 드러내기 위해서는 우리의 업무를 통해 인정받아야 한다. 당장 탁월하지는 못하더라도 성실하게 일해야 한다. 일터에서 일을 제대로 하지 못하면서 바람직한 전도자가 되기는 쉽지 않다.

또한 우리는 일하면서 신실함을 드러내야 한다. 직장에서 일을 할 때 윤리적인 결단을 해야 할 순간은 크리스천임을 드러내기 좋은 때이다. 때로 순교적인 결단도 필요하고, 점진적이거나 현실적인 결단을 하면서 하나님을 섬기는 사람의 남다른 윤리의식을 동료들에게 알려줘야 한다. 그래서 세상에서 크리스천들은 무슨 일을 하든지 주께 하듯 하면서 일터의 예배를 드리고 있음을 사람들에게 입증해야 한다. 일터에서는 크리스천으로서 분명한 정체성을 드러내면서 일도 잘하고, 관계도 잘 가지고, 신실함을 나타낼 때 비로소 전도자로 설 수 있다.

성 프랜시스가 이렇게 말했다. "복음을 전하세요. 언제나! 필요하면 말을 사용하세요." 성 프랜시스는 입을 열어 복음을 전하는 전도를 무시한 것이 아니다. 평소에 삶을 통해 크리스천다움을 보이는 것이 기본적으로 해야 할 전도라는 점을 강조한 것이다. 일터에서 우리의 삶을 통해 관계전도를 시도하자. 물론 기회가 주어질 때 복음의 핵심을 전해서 결정적으로 그 사람이 예수님과 맞닥뜨리게 하는 기회 또한 꼭 가질 수 있어야 한다.

하나님, 일터에서 저의 인격과 삶을 통해 복음을 전하는 전도자가 되겠습니다. 일터의 동료들이 크리스천이 부러워지도록 하여 전도할 수 있도록 도와주소서.

일터를 **변화**시키는 크리스천

그러므로 우리가 그의 죽으심과 합하여 세례를 받음으로 그와 함께 장사되었나니 이는 아버지의 영광으로 말미암아 그리스도를 죽은 자 가운데서 살리심과 같이 우리로 또한 새 생명 가운데서 행하게 하려 함이라. 로마서 6:4

〈거기 너 있었는가?〉라는 흑인영가가 애창되고 있다. "주가 십자가에 달릴 때, 해가 밝은 빛을 잃을 때, 주를 그 무덤 속에 누일 때, 주가 그 무덤에서 나올 때 거기 너 있었는가? 그때에….." 그리스도인에게는 가야 할 '거기'(there)가 있다. 그리스도께서 십자가에 달리신 골고다 언덕이 첫 번째 '거기' 이다. 우리는 반드시 이곳, 즉 예수님이 십자가에 달려 돌아가신 곳에 가야 한다. 또한 영광스러운 모습으로 부활하신 빈 무덤이 두 번째 '거기' 이다. 부활의 현장인 거기에서 주님을 만나지 못했다면 영광스럽고 아름다운 곳, 온 성도들이 주님을 밤낮으로 찬양하는 하늘의 '거기' 에서 주님을 만나지 못할 것이다.

부활 신앙의 참된 의미는 특히 우리 크리스천 직업인들이 일하는 일터 속으로 확산되어야 한다. 예수님의 부활 능력은 죽음이 지배하는 것같이 암울한 일터의 상황도 변화시킬 수 있다. 사도 바울이 그것을 입증해준다. 바울은 우리가 예수님과 함께 죽임을 당했고, 그분이 부활하심과 함께 살아나게 되었다고 말한다. 주님의 부활을 확신하는 사람은 이제 새로운 생명 가운데서 행할 수 있다. 그리스도를 다시 살리신 하나님이 우리에게도 생명의 능력을 허락해주시기 때문이다.

우리가 세상과 일터를 바꿀 수 있는 것이 아니라 주님의 능력이 기쁨과 생명의 일터로 바꾸어준다. 예수님과 함께 부활한 우리는 이제 일터에서 사람들에게 부활 신앙을 드러내며 영향력을 보여야 한다. 예수 그리스도를 만나 그분의 십자가 죽음과 부활의 경험을 은혜로 얻은 우리는 이런 영적 부담감을 가져야 한다. 세상과 일터에서 부활한 그리스도인의 삶을 우리의 결단과 실행력으로 보여주어야 한다.

>>> 일하는 사람의 기도

주님과 함께 부활한 제가 주님의 부활을 확신하고 증거하는 삶을 살 수 있게 하소서. 그래서 저의 일터를 변화시키며 승리하게 인도해주소서.

그리스도, 일터에서도
나의 주님!

그런즉 이스라엘 온 집은 확실히 알지니 너희가 십자가에 못 박은 이 예수를 하나님이 주와 그리스도가 되게 하셨느니라. 사도행전 2:36

한 사무실에서 함께 일하던 직장인들이 서로 교회에 나가는 줄 모르고 있었다고 한다. 그러다가 어느 날 그 사실을 알게 되었다. "앗, 부장님도 교회에 나가셨어요?" "아니, 그럼 김 대리도!" 알고 보니 같은 교회에 나가더라고 한다. 웃기고도 슬픈 현실이다. 예수님을 믿는 사람의 영적 티를 내지 못했으니 그렇게 몇 년간 예수님을 믿는 줄 서로 몰랐던 것이다. 세상과 일터에서도 우리가 크리스천으로 살아가야 하는 사명은 강조하고 강조해도 참으로 중요하다.

오순절에 성령이 강림하신 후에 예루살렘 성전에서 설교하던 베드로는 유대인들이 못 박아 죽인 예수님을 하나님이 "주와 그리스도"가 되게 하셨다고 이야기한다. 여기서 "주와 그리스도"라고 하여 예수님의 호칭을 두 가지로 묘사하는 점에 주목해야 한다. 예수님은 사람들의 주인이 되심과 동시에 메시아, 즉 구원자가 되신다. 어떤 사람이 구원을 받는가? 자신이 죄인임을 깨닫고 예수 그리스도를 구원주로 고백하면 구원을 얻는다. 그런데 그렇게 예수님을 구원자로 믿는 사람은 그분을 인생의 주인으로 받아들여야 한다는 것이다. 우리 기독교의 구원에는 이렇게 삶의 주인으로 예수님을 모시고 사는 것도 포함되어 있다. 의롭다고 인정받는 칭의와 더불어 삶의 여정에서 거룩해지는 성화의 과정이 구원이다.

우리 주변에 예수님을 믿는다는 사람들이 꽤 있지만 오늘날 세상 속에서 그리스도인다운 모습을 보이지 못하는 사람들도 적지 않은 이유는 과연 무엇인가? 예수님을 인생의 주인으로 모시지 못하기 때문이다. 언제 어디서나 주님을 따라야 한다. 우리는 어떤 다른 곳보다 일터에서 예수님을 주인으로 모신 삶을 살아야 한다. "왜 여기까지 오셔서 간섭하십니까?"라며 예수님을 우리 일터에서 밀쳐내면 안 된다. 그리스도께서 당신의 일터에서도 주인이신가?

>>> 일하는 사람의 기도
제 인생의 주인이신 주님의 뜻에 철저히 순종할 수 있도록 인도해주소서. 일터에서도 주님을 주인으로 모시고 일하게 하소서.

복음에 목마른 동료들이 보이는가?

성령이 빌립더러 이르시되 이 수레로 가까이 나아가라 하시거늘 빌립이 달려가서 선지자 이사야의 글 읽는 것을 듣고 말하되 읽는 것을 깨닫느냐. 빌립이 입을 열어 이 글에서 시작하여 예수를 가르쳐 복음을 전하니. 사도행전 8:29-30,35

예수님이 승천하신 후에 세상 끝까지 복음을 전하라는 명령을 따르지 않는 교회에 하나님은 핍박을 주셨다. 그래서 사방으로 흩어진 성도들이 복음을 전했는데, 사마리아의 복음 전파과정에는 일곱 집사들 중 하나인 빌립 집사가 큰 역할을 했다. 큰 부흥의 역사 후에 빌립은 성령에게 이끌려 유대 남쪽의 광야길로 갔다. 그때 에티오피아 여왕 간다게의 국고를 맡은 내시가 예루살렘 성전에 예배하러 왔다가 돌아가고 있었다.

빌립이 그 수레에 다가갔을 때 에티오피아 내시는 마침 선지자 이사야의 예언 두루마리를 읽고 있었다. 빌립이 읽는 것을 깨닫느냐고 질문하자 내시가 깨닫기가 힘들다 말했고, 자연스럽게 성경공부가 시작되었다. 이 에티오피아의 고위관리는 바로 하나님에 대한 열정을 가진 구도자였다. 에티오피아 내시는 성경 두루마리를 살 수 있는 재정적인 능력이 있고, 하나님을 섬기려는 열의도 있었다. 고위관리로서 오랜 시간과 비용을 들여 예루살렘 성전을 찾아와 예배했다. 하지만 구약성경을 제대로 깨닫지는 못했다. 마침 그가 읽는 성경은 예수님의 죽음에 관한 복음을 전하기 좋은 이사야의 말씀(7절)이었고, 빌립은 결국 그 말씀으로 시작해서 내시에게 복음을 전하고 세례까지 주었다(35-36절).

우리가 일하면서 주변의 동료들에게 관심을 가지면 우리도 이 에티오피아 내시와 같은 사람을 만날 수 있을 것이다. 빌립처럼 우리도 그 동료들을 만나서 그들에게 하나님의 섭리와 복음에 대해서 깨닫고 있느냐며 질문할 수 있다. 성령이 우리도 인도하셔서 그 사람이 타는 자동차 곁으로 다가가게 하실 것이다. 기도하며 복음에 목마른 동료들을 찾는 열정을 우리 주님이 원하신다.

저에게도 영혼을 향한 열정을 주시고 복음에 목마른 동료들을 만날 수 있도록 길을 열어주소서. 복음의 열정으로 제 가슴도 뛰게 인도해주소서.

사람을 섬기고 세워주는
착한 사람

바나바는 착한 사람이요 성령과 믿음이 충만한 사람이라. 이에 큰 무리가 주께 더하여지더라. 바나바가 사울을 찾으러 다소에 가서 만나매 안디옥에 데리고 와서 둘이 교회에 일 년간 모여 있어 큰 무리를 가르쳤고 제자들이 안디옥에서 비로소 그리스도인이라 일컬음을 받게 되었더라. 사도행전 11:24-26

바나바는 신앙과 인격에 대해 착한 사람이고, 성령과 믿음이 충만한 사람이라고 한다. 성령과 믿음이 충만하다는 것은 바나바가 새로운 이방인들의 교회가 세워진 안디옥에 특별히 파송되었던 것을 상상하면 이해가 된다. "착한 사람"이란 어떤 모습이었을까? 바나바는 자신의 밭을 팔아서 교회에 헌금했다(행 4:36-37). 자신의 소유를 아끼지 않고 형제들에게 나누어주는 모습이 착한 성품일 것이다.

이런 성품을 가진 바나바의 헌신으로 안디옥교회가 크게 부흥하게 되었다. 또한 바나바는 안디옥교회가 크게 성장하자 성도들을 혼자서 가르칠 수가 없어 사울에게 도움을 청한다. 그런데 사울은 스데반을 죽였고, 다메섹으로 기독교인들을 체포하러 가던 길에 예수님을 만나 회심한 사람이었다. 그런데 그 후 아라비아 광야에 가서 3년간 지내다가 아무도 그를 변화된 사람으로 받아들이지 않아 고향 다소에서 은둔하던 중이었다. 바나바는 그런 사울을 다소까지 수소문해 찾아갔다. 결국 찾아서 사울을 데리고 왔고, 함께 안디옥교회에서 사역을 했다. 이렇게 바나바는 사람을 제대로 볼 줄 알았고, 또 함께 일해서 목표를 이루었다.

바나바는 이렇게 기독교 역사 초기에 자신이 가진 것을 최대한 나누어주며 헌신한 착한 사람이었다. 일할 사람을 찾아 이끌어주며 함께하려고 노력했다. 당시 안디옥 사람들이 바나바와 같은 삶을 사는 성도들을 '그리스도인'이라는 별명으로 부르게 된 것을 주목해서 봐야 한다. 오늘 우리도 일하면서 바나바의 착한 성품과 사람을 세우는 리더십을 배우면 사람들이 우리를 크리스천으로 인정해주지 않겠는가?

>>> 일하는 사람의 기도

일터에서 '그리스도인'으로 불리면서 살아가도록 노력하겠습니다. 바나바와 같이 착한 사람, 사람들을 세워 공동체를 부흥하게 하는 사람이 되게 도와주소서.

사람을 **살리는** 기쁨

치열하고 위험하게 사람들을 살리는 일을 하는 사람들이 바로 소방관이다. 영화 〈래더 49〉에는 미국 볼티모어 소방서의 래더 49팀에 속한 소방관 잭 모리슨이 나온다. 그는 신입대원 시절 쇼핑을 갔다가 린다라는 여인을 만나 한눈에 반했다. 린다가 "너희들은 참 대단하다. 다른 사람들은 불이 나면 다 도망가는데 너희는 불이 나는데도 들어가잖아"라고 추켜세우자 잭이 말한다. "직업일 뿐이야." 그저 직업일 뿐이기에 잭은 소방관이 되었을까? 그렇지는 않았다. 그의 관심은 바로 사람이었다. 사람 살리는 일을 최우선으로 아는 진정한 소방관이었다. 결국 그날도 화재현장에서 사람을 구해내고 그 자신은 빠져나오지 못해서 목숨을 잃고 말았다.

직업인들은 자신의 직업을 통해 사람들에게 유익을 주고 사람들을 살려내야 한다. 사도 바울은 이방인들에게 복음을 전하는 바로 그 일을 위해 자신이 구원받은 것이라고 말한다. 이것이 바울의 직업관이다. 만약 하나님이 불러서 구원시키고 이방인들에게 복음 전하는 일을 맡기셨는데 그 일을 자기가 하지 않으면 화(禍)가 임할 것이라고 말했다. 여기서 '화'라는 단어는 그리스의 연극 작품에 나오는 원수 갚는 일, 즉 죽음으로 끝나는 복수를 의미한다. 만약 복음을 전하지 않으면 그런 일이 있을 것이라면서 바울이 복음 전하는 일을 강조한다.

그러나 "부득불 할 일"은 억지로 복음을 전한다는 뜻은 아니다. 자신은 이방인들에게 복음 전하는 그 일 때문에 구원받았기에 자신의 사명인 직업을 구원과 연관시키고 있는 것이다. 따라서 오늘 우리도 우리가 일하는 직업세계에서 사람 살리는 일을 하는 것은 우리의 소명이라고 생각해야 한다. 나는 사람들에게 내가 일을 통해 만드는 제품과 서비스를 제공하는 바로 그 일을 위해 구원받은 것이다. 그러니 일을 잘해야 하는 것은 너무도 당연하다. 그 일이 바로 사람을 살리는 기쁨이다.

>>> 일하는 사람의 기도

제가 직업을 통해 섬기는 그 사람들 때문에 제가 구원받았다는 사실을 되새겨봅니다. 직업을 통해서 사람 살리는 일을 제대로 할 수 있도록 인도해주소서.

일터에서 **예수님의** **제자**로 사는 것

그러므로 예수께서 자기를 믿은 유대인들에게 이르시되 너희가 내 말에 거하면 참으로 내 제자가 되고 진리를 알지니 진리가 너희를 자유롭게 하리라. 요한복음 8:31-32

16세기에 카르멜수도회의 수사(修士)였던 로렌스 형제는 하나님의 자녀로서 하나님을 사랑하며 사는 방법을 알았던 사람이다. 오랫동안 로렌스 수사는 수도원의 주방에서 일을 했는데 주방에서 해야 하는 모든 일을 주님의 일로 여겼다. 로렌스 형제는 특별한 고행이나 공부, 사색 등을 통해 하나님을 사랑한 것만이 아니라 음식을 만들어서 사람들을 섬기는 작은 일을 통해서도 하나님의 사랑을 입증했다.

예수님은 자신을 믿은 유대인들에게 "내 말에 거하고 진리를 알면" 참된 제자가 된다고 강조하셨다. 그러나 아직도 마귀의 수하에 있어서 하나님을 아버지로 모시지 않은 불신자들은 이렇게 살 수 없다. 하나님을 믿는 우리들만의 특권이다. 유대교 당국자들은 아무리 많은 학식과 인생의 호조건을 가지고 있어도 누리지 못한 특권인데, 이것을 우리가 느릴 수 있는 것이다. 예수님의 말씀을 염두에 두면서 그 말씀대로 살려고 하는 것, 또한 그 진리를 알고 믿는 것은 바로 우리 제자들의 특징이고 특권이다.

크리스천 직업인들은 말씀 안에 거하고 진리를 아는 삶을 일터에서 드러내야 일하는 제자의 사명을 다하는 것이다. 그렇다고 우리 직업인들이 하나님의 자녀로서 하나님을 사랑하는 것을 표현하기 위해 늘 특별한 행동을 해야 하는 것은 아니다. 종교적인 티를 내며 거룩한 체할 필요도 없다. 우리가 하나님의 자녀라는 사실을 늘 우리 일상에서 드러널 수 있어야 한다. 일을 처리하는 방법이나 동료를 대하는 사소한 자세, 전화를 받고 고객을 응대하는 태도에서도 우리가 하나님의 자녀라는 사실이 드러날 수 있도록 노력하자. 진리로 인해 자유를 누리는 우리의 삶을 우리 동료와 고객들이 보고 부러워하게 할 수 있어야 한다.

예수 그리스도의 제자임을 항상 기억하며 살게 하소서. 일터에서 주님의 말씀 안에 거하며 살아갈 수 있도록 도와주소서.

텐트메이커
사도 바울

그 후에 바울이 아덴을 떠나 고린도에 이르러 아굴라라 하는 본도에서 난 유대인 한 사람을 만나니 글라우디오가 모든 유대인을 명하여 로마에서 떠나라 한 고로 그가 그 아내 브리스길라와 함께 이달리야로부터 새로 온지라. 바울이 그들에게 가매 생업이 같으므로 함께 살며 일을 하니 그 생업은 천막을 만드는 것이더라. 사도행전 18:1-3

사도 바울은 선교하면서 언제나 일을 했던 것은 아니지만 자주 일했다. 그 이유를 생각해보면 우리가 오늘 하는 일과 직업선교의 관계를 점검해 볼 수 있다. 바울이 활동하던 당시 헬라 문화권의 철학자들과 바울의 행동을 비교하면 대단히 충격적이었다. 당시 헬라 사회에서 독지가들로부터 지속적인 후원을 받지 못하는 철학자는 길거리 악사들처럼 거리에서 강의를 하며 생계를 유지했다. 일종의 구걸 행위였는데, 이마저도 하지 못할 때 육체노동을 통해 생계를 유지했다. 고대 헬라인들에게 있어서 육체노동은 '저주' 그 자체였다.

일에 대한 헬라철학의 편견으로 볼 때 바울은 당시 사람들의 비난을 무릅쓰면서도 장막을 만드는 일을 했음을 알 수 있다. 사도행전 18장에는 바울이 고린도에서 브리스길라와 아굴라 부부를 만나 함께 같은 직업에 종사하면서 전도하는 모습을 볼 수 있다. 일을 열심히 하다 보니 안식일에 전할 설교 준비시간도 부족하지 않았겠는가? 일터선교사 바울의 삶은 결코 쉽지 않았을 것이다. 그런데도 바울은 일을 하며 선교를 감당했다. 데살로니가에서는 밤에도 일을 했다고 말한다.

바울은 일을 통해 사람들에게 성경적인 직업관을 보여주었을 것이다. 무슨 일을 하든지 주님께 하듯 하는 본을 보여주었다. 또한 바울은 일하는 선교사인 자신과 같은 직업선교사들을 양산하려고 자신이 모범을 보였다. 이런 직업선교에 대한 꿈을 우리도 가져야 한다. 지금도 그렇지만 앞으로 더욱 타문화권에서 일할 기회가 많아질 것이다. 오늘 우리 일터에서 직장사역자로 사역하다가 기회가 주어지면 외국으로 나가 직업선교사가 되어 하나님의 나라를 확장해나갈 수 있어야 한다.

>>> 일하는 사람의 기도

오늘 제가 하는 일에 충실하며 하나님의 나라를 세우고 타문화권에서도 직업 선교의 길을 모색할 수 있도록 인도해주소서.

왜 예수님이 **지금 당장** 오시지 않는가?

사랑하는 자들아 주께는 하루가 천 년 같고 천 년이 하루 같다는 이 한 가지를 잊지 말라. 주의 약속은 어떤 이들이 더디다고 생각하는 것같이 더딘 것이 아니라. 오직 주께서는 너희를 대하여 오래 참으사 아무도 멸망하지 아니하고 다 회개하기에 이르기를 원하시느니라. 베드로후서 3:8-9

시한부 종말론자들이 우리 사회에 일으킨 물의의 강한 충격 때문인지 요즘에는 그리스도인들조차 예수님이 당장 오늘 이 순간에도 재림하실 수 있다는 사실을 망각하고 있는 듯하다. 사탄이 오늘 한국교회를 미혹하면서 거두는 가장 확실한 성공이 바로 이것이 아닐까 생각한다. 믿지 않는 사람들에게도 예수님이 재림하신다는 말을 하면 코웃음을 친다. 큰일이 아닐 수 없다. 그런데 초대교회 시절부터 이미 그런 종말신앙에 대한 해프닝은 종종 있어 왔다. 베드로의 시절에도 "주께서 강림하신다는 약속이 어디 있느냐"(4절)라면서 예수님의 재림을 조롱하는 자들이 있었다. 그러나 예수님은 꼭 오실 것이다. 틀림없이 오신다.

사도 베드로가 권면한다. "사랑하는 자들아 주께는 하루가 천

년 같고 천 년이 하루 같다는 이 한 가지를 잊지 말라." 예수님이 하셨던 이 말씀을 베드로가 이렇게 표현한 것 같다. "그러나 그날과 그때는 아무도 모르나니 하늘에 있는 천사들도, 아들도 모르고 아버지만 아시느니라. 주의하라. 깨어 있으라. 그때가 언제인지 알지 못함이라"(막 13:32-33).

그런데 왜 지금 당장 예수님은 오시지 않는지 베드로가 말해주고 있다. "오직 주께서는 너희를 대하여 오래 참으사 아무도 멸망하지 아니하고 다 회개하기에 이르기를 원하시느니라." 오늘도 주님이 오시지 않고 우리가 하루의 삶을 시작한 것을 우리는 은혜라고 이해해야 한다. 세상 사람들이 더욱더 많이 주님에게로 돌아오게 하기 위해 주님은 재림을 늦추고 계신다고 이해해도 좋다. 우리가 할 일은 분명하다. 하나님의 사랑을 기억하며 재림을 준비하는 것이다. 일하는 사람으로서 우리 일터에서 일하면서 우리는 종말을 기다리는 것이다.

>>> 일하는 사람의 기도

5년 후, 10년 후의 계획을 세워서 일해야 하지만 당장 오늘이라도 오실 수 있는 주님을 고대하며 살게 하소서. 하나님의 사랑이 담긴 종말의 의미를 잘 이해하며 하루하루 복음을 전하며 살아가게 도와주소서.